躬身田畴

农为本

李子燕 ◎ 编著

中国出版集团

现代出版社

图书在版编目（CIP）数据

躬身田畴农为本 / 李子燕编著. ——北京：现代出版社, 2013.2 （2024.12重印）

ISBN 978-7-5143-1347-5

Ⅰ.①躬… Ⅱ.①李… Ⅲ.①农学家 – 生平事迹 – 世界 – 青年读物②农学家 – 生平事迹 – 世界 – 少年读物 Ⅳ.①K816.3-49

中国版本图书馆 CIP 数据核字(2013)第 025416 号

我的未来不是梦—躬身田畴农为本

作　　者	李子燕
责任编辑	张　晶
出版发行	现代出版社
地　　址	北京市朝阳区安外安华里 504 号
邮政编码	100011
电　　话	(010) 64267325
传　　真	(010) 64245264
电子邮箱	xiandai@cnpitc.com.cn
网　　址	www.modernpress.com.cn
印　　刷	唐山富达印务有限公司
开　　本	700×1000　1/16
印　　张	12
版　　次	2013 年 7 月第 1 版第 1 次印刷　　2024 年 12 月第 4 次印刷
书　　号	ISBN 978-7-5143-1347-5
定　　价	47. 00 元

序 言

　　这套以"我的未来不是梦"命名的丛书，经过众多编者的数年努力，终于以这样的形式问世了。

　　此时，恰值党的"十八大"刚刚胜利闭幕，选举出了以习近平同志为首的党中央领导集体。"十八大"报告中对教育领域提出："坚持教育为社会主义现代化建设服务、为人民服务，把立德树人作为教育的根本任务，培养德智体美全面发展的社会主义建设者和接班人。"这使我们编者更感此套丛书生即逢时，契合新时期新要求，意义重大。

　　我们编写的这套《我的未来不是梦》系列丛书，精选了古往今来的一些重要职业，尤以当下热点职业为重。而"梦想的实现"则是本套丛书的核心。整套书立意深远，观点新颖，切合实际，着眼实用，是不可多得的青少年优质读物。

　　我们深信，这套丛书必将伴随小读者们的生活与学习，而促进他们德智体美全面健康的成长。更使他们对未来充满信心，驾驭着新知识和新科技，驶入海洋，飞向蓝天，去实现最美好的梦想！

目录 CONTENTS

第一章

母亲产业

○导读○

　　农业,是人类的"母亲产业",远在人类茹毛饮血的远古时代,农业就是人类抵御自然威胁和赖以生存的根本。社会生产的发展首先开始于农业,在农业发展的基础上,才有工业的产生和发展,只有在农业和工业发展的基础上,才会有第三产业的发展。因此说,农业是一个国民经济的基础,是人类的衣食之源、生存之本,是支撑国民经济不断发展与进步的保障,是能否在国际竞争中坚持独立自由地位的大问题!

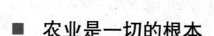

农业是一切的根本

中国是一个拥有 13 亿人口的发展中农业大国,农业在中国历来被认为是安天下、稳民心的战略产业。1978 年开始的以市场化为取向的农村改革,是中国农业发展的历史性转折点,不仅突破传统体制的束缚,推动农村经济的快速发展,创造了以不足世界 9% 的耕地养活世界近 21% 人口的奇迹,而且带动和促进了中国经济体制改革的全面展开,有力地支持了中国经济的高速增长。2001 年底中国加入 WTO,中国农业对外开放程度大幅提高,中国农业与世界农业的关联程度发生重大变化。在世界贸易体系中,中国作为农产品生产大国和销售大国,既可能受到国际市场的不利冲击,同时也对国际市场有巨大的影响。因此,要如何重视农业科学、如何发展农业科学,就显得尤为重要了。

农业科学,是研究农业发展的自然规律和经济规律的科学,因涉及农业环境、作物和畜牧生产、农业工程和农业经济等多种科学而具有综合性。林业科学和水产科学有时也包括在广义的农业科学范畴之内。现代农业科学的形成只有 100 多年的历史,但其发生、发展的过程源远流长。

古代天文、物候、历法、测量等知识的形成,实际上都与人类早期的农业生产实践有关,是当时人们对农业生产条件、季节更替规律,以及土地利用方法等探索成果的反映。后来,人们从企图认识农业环境,进步到设法改变环境条件和农业生产对象本身,就又促进了土壤耕作、施肥、灌溉,以及作物的品种选育和栽培、家畜的饲养和繁育等方面知识的逐步系统

化。篇幅浩瀚的中国农书，为古代农业研究的光辉成就提供了有力的佐证。

19世纪中叶以后，自然科学如生物学、化学、生理学、遗传学、昆虫学、微生物学、土壤学和气象学等的研究成果，及其实验方法逐渐被应用于农业，促进了农学研究从经验水平到现代农业科学的质变。1840年李比希的经典著作《有机化学在农业和生理学上的应用》的发表，一般认为标志着现代农业科学系统发展的开始。

从此，以实验为基础的各门农业科学先后形成。农业化学在作物栽培中的应用，导致了化学肥料工业的建立和植物生理学、植物营养学的发展，作物栽培技术也因而更加科学化。孟德尔遗传定律和基因学说的提出，导致现代作物育种学的诞生。随着生物化学、生理学、病理学、解剖学和遗传学等学科的原理用于畜牧生产，家畜的育种、繁育和饲料科学以及兽医学等也迅速发展起来。

20世纪初，动力机械特别是内燃机拖拉机和其他机动农具逐步推广，以畜力为农业动力的局面发生变化，加速了农业机械化的进程。由此而形成的农业机械科学，为不断提高农业生产率提供了理论基础。

第二次世界大战以后，合成化学工业兴起，促进了对各种农药、除草剂和农用塑料等的研究，植物保护手段日益改进。随着细胞遗传学和分子遗传学的发展，遗传工程等生物技术在农业中的应用研究开始取得成果，预示着育种技术的一场新的革命。而生态科学和系统科学在农业中的应用，则从宏观上为农业科学的发展开拓了新的途径和领域。

与此同时，由核技术、电子计算机和遥感、遥测等提供的新的研究手段，也已经和正在使农业科学研究更加精密化。现在，由于农业科学技术的进步，农业生产者不但已有可能几倍以至几十倍地提高农业劳动生产率，而且可以大幅度地提高各种动植物产品的单位产量，有效地改进产品的品质，并极大地减轻因有害生物和不良自然条件而造成的损失。农业科学已经成为农业生产力的不可缺少的组成部分，是农业现代化和高速度地提高农业生产水平的必要条件。

农业具有多功能性,首先是粮食安全功能。除了提供粮食这一特殊商品外,还具有社会功能,即保证一定的粮食自给水平,减少过度依赖国际市场的担忧,增加粮食安全感,确保国家宏观战略的实现。其次是环境功能,通过管理土壤和植物减少污染,提高生态系统的弹性。再有就是经济功能,如保障劳动力就业、经济缓冲作用、保持国土空间上的平衡发展,促进社会公平竞争等。

中国古代农学历史

从世界范围看,农业起源中心主要有三个:西亚、中南美洲和东亚。东亚起源中心主要就是中国。中国农业在其发展过程中有一系列发明创造,形成独特的生产结构、地区分布和技术体系,在农艺水平和单位面积产量等方面居于古代世界的前列,它的技术成就对世界农业的发展产生了巨大的影响。

中国古代农业的特点,可用八个字来概括:"多元交汇,精耕细作。"它是中国古代农业强大生命力的来源,而中国古代农业的这种强大生命力,正是中华文化得以持续发展的最深厚的根基,也是中华文明火炬长明不灭的主要奥秘之一。

农业起源于没有文字记载的远古时代,它发生于原始采集狩猎经济的母体之中。古史传说中有"神农氏"。据说神农氏之前,人们吃的是爬虫走兽、果菜螺蚌,后来人口逐渐增加,食物不足,迫切需要开辟新的食物来源。神农氏为此遍尝百草,备历艰辛,多次中毒,又找到了解毒的办法,终于选择出可供人们食用的谷物。接着又观察天时地利,创制斧斤耒耜,教导人们种植谷物。于是农业出现了,医药也顺带产生了;同时人们还掌握了制陶和纺织的技术。这种传说是农业发生和确立的时代留下的史影。

考古学家发现了很多新石器时代原始农业的遗址,遍布在从岭南到漠北、从东海之滨到青藏高原的辽阔大地上,尤以黄河流域和长江流域最为密集。著名的有距今七八千年的河南新郑裴李岗,河北武安磁山以种粟为主的农业聚落,距今七千年左右的浙江余姚河姆渡以种稻为主的农业聚落,以及稍后的陕西西安半坡遗址等。在湖南澧县彭头山、道县玉蟾岩、江西万年仙人洞和吊桶岩等地,也发现距今上万年的栽培稻遗存。

由此可见,中国农业起源可以追溯到距今一万年以前;而且中国是世界上最大的作物和畜禽起源中心之一,原始农业是独立起源、自成体系的,具有明显的特点;同时,中国也是世界上最早养蚕缫丝的国家,当两千多年前中国丝绸传入欧洲时,欧洲人对那美丽、轻盈的丝绸是如何织造的,竟一无所知。按专业角度划分,大致可以分为六个发展阶段:

一是农业技术的萌芽期,新石器时代农业的产生为人类的文明进步奠定了坚实基础。二是农业技术的初步形成期,夏、商、周发明了金属冶炼技术,青铜农具开始应用于农业生产。水利工程开始兴建。三是精耕细作的发生期,春秋战国炼铁技术的发明标志着新的生产力登上了历史舞台,铁农具和畜力的利用推动了农业生产的大发展。四是北方旱地精耕细作技术的形成期,秦、汉至南北朝时耕、耙、耱配套技术形成,著名农学家贾思勰完成大型农业百科全书《齐民要术》。五是南方水田精耕细作的形成期,隋、唐、宋、元时期经济重心从北方转移到南方,棉花在中国逐渐推广,出现众多农书,土地利用方式增多。六是精耕细作的深入发展期,明朝至清代出现人多地少的矛盾,美洲新大陆许多作物引进中国,多种经营和多熟种植成为农业生产的主要方式。

更值得一提的是,中国古代在农田水利工程建设方面也取得可喜成就。灌溉渠系工程相对完善,商、周时期农田中的沟洫,承担着向农田引水、输水、配水、灌水以及排水的作用。战国时期,水利事业备受重视,大型渠系建设迅速兴起。魏国西门豹在今河北临漳一带主持兴建漳水十二渠,为中国最早的大型渠系。公元前 3 世纪,蜀守李冰主持修建了举世闻名的都江堰工程,至今历时两千多年而不废,效益有增无减。关中平原上的郑

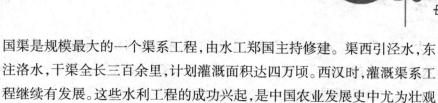

国渠是规模最大的一个渠系工程,由水工郑国主持修建。渠西引泾水,东注洛水,干渠全长三百余里,计划灌溉面积达四万顷。西汉时,灌溉渠系工程继续有发展。这些水利工程的成功兴起,是中国农业发展史中尤为壮观的篇章。

而从中国自身的范围看,农业也并非从一个中心起源向周围扩散,而是由若干源头发源汇合而成的。黄河流域的粟作农业,长江流域的稻作农业,各有不同的起源;华南地区的农业则可能是从种植薯芋类块根块茎作物开始的。即使同一作物区的农业,也可能有不同的源头。在多中心起源的基础上,我国农业在其发展过程中,基于各地自然条件和社会传统的差异,经过分化和重组,逐步形成不同的农业类型。这些不同类型的农业文化,成为不同民族集团形成的基础。

中国古代农学的历史,正是由这些不同地区、不同民族、不同类型的农业融汇而成,并在相互交流和碰撞中向前发展。这种现象就是著名的"多元交汇",中华五千年的文明就建立在自身农业发展的基础之上,从而源远流长,影响并促进了世界文明。

■ 思想决定发展方向

思想能决定发展的方向,对个人如此,对农业对国家亦如此。中国古代农学精辟独到的思想理论,对中国及至对世界的发展,都具有很大的影响力,至今仍被尊为农业经典。

其中最著名的理论,是农业中的"三才",讲天、地、人的变化与关系的。它是战国时期比较流行的哲学观点之一,被人们运用于经济生活、政治活动和军事作战等各个方面。《吕氏春秋·审时》阐明了农业生产的三大要素是天、地、人,而且把人的因素列在首要地位。到汉代,天、地、人演变为

我的未来不是梦

"力"、"地"、"时"。晁错更重视人工劳动,人来改造自然的意味更浓厚些。农业生产中的"时宜"、"地宜"、"物宜"的"三宜"原则是"三才"理论的另一衍化。"三宜"原则也开始出现于春秋战国时期。明代农学家马一龙对之做了较为全面、科学的说明,运用在中国农业生产中,为精耕细作的优良传统奠定了理论基础,对农业生产的发展产生了巨大的影响和作用。

其次是古代农学中浓厚特色的经营思想,有的直到今天还具有生命力和现实意义。战国初,李悝在魏国为相时,做"尽地力"之教,是最早的集约耕作思想的表现,提倡加强劳动强度,实行精耕细作,挖掘土地潜力,提高产量。汉代,通过推广"代田法"和"区田法"等方式,把精耕细作推向一个新的高度。《氾胜之书》第一次记述了区田,以后历代都有试种者,尤其到明、清盛极一时,先后有二十处以上。区田的技术要点是集中施用水、肥,保证作物能够生长良好,获得丰产。

"量力而行"的思想是晋代傅玄提出来的,后魏农学家贾思勰进一步明确:经营农业的规模,需要度量自己的力量,与物力、劳力等相称,既不要超过自己的力量盲目扩大经营规模,也不要缩小经营规模,使自己的力量不能充分发挥。

"扬长避短,发挥优势"也是中国农业经营的传统思想之一。《史记·货殖列传》就是汉代人们根据地区特点,因地制宜发展各项农业生产,扬长避短,发挥地区优势的生动写照。清代唐甄在《潜书·富民》中又根据他所处时代的情况,做了"陇右牧羊,河北育豕,淮南饲鹜,湖滨缫丝,吴乡之民,编蓑织席"的真实描述。说明扬长避短,发挥优势的观点一经形成后就世代相传沿袭下来,成为农业经营思想的重要组成部分。

"趋利避害"是中国古代农业思想的又一重要组成部分。《淮南子·缪称训》:"人之情,于害之中争取小焉,于利之中争取大焉。"趋利避害思想应用到农业生产上,就是"种谷必杂五种,以备灾害"的经验总结。明代的马一龙总结出农业生产的趋利避害原则,而且把它提到"力足以胜天"的高度,这不仅在农业方面有指导意义,对于做人做事更是一种精神上的莫大鼓舞和鞭策。

　　纵观世界科学技术领域,正是这种"力足以胜天"的思想理念,让无数科学家投身到农业科研工作中来,经过无数次的考察、无数次的实验、无数次的失败之后,依然坚定不移地探索着,以毕生的精力和心血,为全人类的生存和发展做出了不可磨灭的贡献。接下来, 让我们怀着无比敬仰的心情, 来认识一下这些为人类做出伟大贡献的科学家们吧。

●智慧心语●

食为人天,农为正本。

——李世民

地能尽其利,则民食足。

——孙中山

农业生产是我们经济建设工作的第一位。

——毛泽东

粟者,王之本事也,人主之大务,有人之涂,治国之道也。

——管 子

农业是其他技艺的母亲和保姆,因为农业繁荣的时候,其他一切技艺也都兴旺。

——色诺芬

第二章

悲天悯人

◦导读◦

　　每一个成功者都有一个博大的胸怀；有了胸怀，才能找到成功的路。"先天下之忧而忧，后天下之乐而乐"，衡量一个人的人生价值，既以其对于当时代所做的工作为尺度，更以其对于后世所做的贡献为砝码。长太息以掩涕兮，哀民生之多艰，即使我们不能身处高位，但只要能做到"位卑未敢忘忧国"，只要胸怀天下心系民生，那么同样能在平凡的岗位上，做出不平凡的事业！

■ 走向丰衣足食的美好生活

提起世界上身价最高者的名字，人们大多会想起很多亿万富翁，但实际上，我们中国就有一个被资产评估公司认定为身价为一千亿元的人。他就是解决了世界五分之一人口温饱问题的袁隆平。

据老一辈说，中国老百姓真正重新吃饱饭，是在 70 年代末，以前的稻子是高高的，风一吹就倒，换种矮水稻以后，粮产真是翻了番。报纸上曾引述农民的话说："我们吃饱饭，靠的是两'平'，邓小平和袁隆平。"袁隆平的水稻南优 2 号，比以前的水稻单产增产 20%，于 1973 年研究成功，1976 年开始推广。20 世纪 80 年代，国际组织给他的奖项多得像米粒一样。中国有 9 亿农民，他一个人，相当于干了 2 亿农民的活。有人预估，他的种子共创造效益 5 600 亿美元。假设其中分零头给他，那么他的资产就会大致与世界首富卡洛斯·斯利姆·埃卢的 590 亿美元相当。

在中国，人们都亲切又敬佩地称袁隆平"杂交水稻之父"，对他的故事几乎家喻户晓、耳熟能详。1930 年 7 月，袁隆平生于北京，汉族，江西德安县人，现居湖南长沙。是中国杂交水稻育种专家，杂交水稻之父，中国工程院院士。2006 年 4 月，袁隆平当选为美国科学院外籍院士，2011 年获得"马哈蒂尔"科学奖……

袁隆平的事迹已入选在很多教学课本中，如北师大版小学六年级下册《当代神农氏》，上海教育出版社的中学七年级《永远执着的美丽》，初中八年级（下）外研版英语书，初中七年级（下）外研版英语书，长春出版社八年

级(上)语文书《一个价值一千亿元的名字》，人教英语书必修(四)《造福全人类的先驱者》。尤其 1996 年 9 月 18 日，一颗小行星在兴隆观测站被发现后暂定编号为 1996SD1，其中 SD 正好是中文"水稻"的汉语拼音字头，当它获得 8117 这一永久编号后，为了表示对"杂交水稻之父"袁隆平先生的敬意，天文学家们决定把它命名为"袁隆平星"，以鉴证袁隆平为建国以来贡献最大的农学家。

他被誉为"当代神农氏"，他的杂交水稻被称为继指南针、火药、造纸术和活字印刷术之后的第五大发明！然而，见过袁隆平的人，大都有如下评价：平头小脸，其貌不扬，土里土气，根本想不到他就是中国"杂交水稻之父"。正是这个显得有些平凡和土气的老人，以不懈的努力和才华，在古老的土地上创造了非凡的奇迹——目前在我国，有一半的稻田里播种着他培育的杂交水稻，每年收获的稻谷 60% 源自他培育的杂交水稻种子。

是怎样的力量，把一个人的命运紧紧联系并且积极影响着十多亿人的命运呢？是怎样的力量，促使着袁隆平年轻时违背母亲的意愿，做出自己的人生选择？又是怎样的力量，令他执着于杂交水稻的研究，而最终走向成功的呢？关于超级杂交水稻，不善言辞的袁隆平以"知识＋汗水＋灵感＋机遇"做了精辟的总结，并且让更多的人知道了一个故事：

从 1953 年到 1966 年，袁隆平在农校边教课边做育种研究，每年都去农田选种。从野外选出表现优异的植株，找回种子播种，看它第二年的表现，这样来筛选具有稳定遗传优异性状的品种，这称为系统选育法，是常用的一种方法。1962 年，他在一块田里发现一株稻鹤立鸡群，穗特别大，而且结实饱满、整齐一致。袁隆平是有心人，没有放过它。第二年把它种下去，辛苦培育，满怀希望有好的收获，不料大失所望，再长出来的稻子高的高，矮的矮，穗子大小不一。这时候，一般人感到失败就放弃了，而袁隆平则坐在田埂上想为什么失败了。想到第一年选出的是一棵天然杂交种，不是纯种，因此第二年遗传性状出现分离，而如果按照那棵原始株杂交种的产量来计算，亩产能达到 1020 千克，这在 20 世纪 60 年代是非常了不起的。于是袁隆平突发灵感：既然水稻有杂交优势，那么为什么非要选育纯

种呢？从此,他致力于杂交水稻育种……

原来如此啊,一个关系着中国人吃饭问题的伟大探索与成功,就这样由一个意念而开始并最终诞生了! 为了杂交水稻,袁隆平几乎奉献了自己的一切,知识、汗水、灵感、心血,没有什么不是为了梦寐以求的杂交水稻。在研究的初期阶段,为了获得一株必需的水稻天然雄性不育株,他和新婚妻子一起,连续两年在酷暑季节里顶着烈日,大海捞针般地寻觅在生产队的稻田里,在前后共检查了 14 000 多个稻穗后,终于找到了 6 株雄性不育的植株。

身体的劳累还在其次,而来自学术界权威的质疑与反对,使得袁隆平承受着巨大的舆论压力。当时学术界流行的经典遗传学观点认为:水稻是自花授粉作物,经过长期的自然选择和人工选择,许多不良的因子已经被淘汰,积累下来的多是优良的因子,所以自交不会退化,杂交也不会产生优势,从而断言搞杂交水稻没有前途,甚至说研究杂交水稻是"对遗传学的无知"。

然而无论是科学道路上的挫折、失败,还是人为的干扰、诋毁,所有的磨难都没有动摇袁隆平执着的梦想。他坚信——实践才是真正的权威,火热的生命加上知识的力量,能够改变一切!

经过两个春秋的艰苦试验, 对水稻雄性不育株有了较多的感性认识后,袁隆平把获得的科学数据进行理性的分析整理,撰写出首篇重要论文《水稻的雄性不孕症》,在中国科学院出版的权威杂志《科学通讯》第 4 期发表。这篇论文的发表,不仅是一个普通意义上的水稻育种课题的启动,而且开创了划时代的崭新研究领域。在随后的 30 多年间,他在杂交水稻领域始终保持着世界领先地位,研究成果连续不断,创造的杂交水稻神话般一个接一个。我国累计推广种植杂交水稻 35 亿亩,增产稻谷 35 000 亿公斤,相当于解决了 3 500 万人口的吃饭问题,确保了我国以仅占世界 7 % 的耕地,养活了占世界 22% 的人口。

袁隆平用知识在中国古老的土地上,圆了华夏民族几千年都在渴盼的梦想,写下了一个震惊世界的神话! 1999 年 6 月,"袁隆平农业高科技股

我的未来不是梦

份有限公司"正式挂牌成立,昭示着高科技与资本的紧密结合,将促进经济的快速发展。而对于科技与知识的力量,怕是鲜有人能比袁隆平有着更深切的认识了,也鲜有人知道袁隆平的农学梦,诞生于儿时那片美丽的园艺场。

袁隆平的童年及青少年时代,主要是在武汉和重庆度过。对于这样一个生长在大城市,并自小就上教会学校的人来说,在风华正茂的时候违背母亲的意愿选择学农,实在是出人意料。那是他大约 6 岁的一次郊游,曾在武汉郊区参观了一个园艺场,满园里郁郁葱葱,到处是芬芳的花草和一串串鲜艳的果实。袁隆平立刻被眼前的一切吸引住了,觉得自己置身于美丽的海洋,便萌发了将来学习农学的想法。没有指点江山的豪情壮志,没有功成名就的意气风发,有的只是质朴的表白,有的只是对美丽的特别感悟与无悔执着。当年那片花果鲜艳的园艺场,在风雨飘摇、国事艰难的年代,曾是多么深刻地打动了一个孩子纯真的心啊!这片美丽的记忆,成了袁隆平心中永远挥之不去的情结与梦幻,与"农"结下不解之缘。

为了追求心中的梦,从西南农学院农学系毕业后,袁隆平毅然从四川重庆来到了偏僻的湘西雪峰山旁的安江农校任教。在安江农校,一待就是19 年,积累了较多的生物学知识和农业生产实践经验。因此在以后的作物育种科研中,才具有一定的发现问题、分析问题和解决问题的能力。在那里,袁隆平以非凡的努力完成了知识与经验的积累,为将来的科研打下了基础。20 世纪 60 年代初期,一场梦魇般罕见的饥荒席卷神州大地,安江农校宁静的校园也无法幸免。在这种情况下,青年袁隆平响应党的号召,和学生们一起来到黔阳县的硖州公社秀建大队支农,蕴藏在心底的童年之梦从那一刻开始被唤醒了——他将"所有人不再挨饿"奉为终生的追求。

三年困难时期,袁隆平亲眼见过有人饿死倒在路边、田坎上,很多人因饥饿得了浮肿病。当时农校的老师被下放到艰苦的地方锻炼,在集体食堂里,吃的菜就是一大锅红薯藤,加一小酒杯的油来煮,跟猪食差不多。饭是双蒸饭,用水蒸了两次,饭粒儿看起来大,吃下去一会儿就饿,整天想的就是能吃顿饱饭就好了。人类能否战胜饥饿?袁隆平清楚地知道,产量,主

要靠科技进步获得,再有一个和平环境,通过不断研究,取得农业科技的不断提高,就能解决饥饿问题!日有所思,夜有所梦,他曾经做过一个好梦,梦见试验田里种的水稻,像高粱那么高,穗子像扫帚那么长,粒子像花生米那么大,几个朋友累了,坐在稻穗下面乘凉……

然而,梦想很丰满,现实很骨感,20世纪90年代后期,美国学者布朗抛出"中国威胁论",撰文说到21世纪30年代,中国人口将达到16亿,到时谁来养活中国,谁来拯救由此引发的全球性粮食短缺和动荡危机?面对如此重压,袁隆平义无反顾地扎进了杂交水稻这个世界性的难题中,想通过科研的力量在实践中一步步接近自己的美好梦想。不为别的,就为了让现实中落后、贫困的农村能变得富饶而美丽。在某种程度上,杂交水稻已成为他生命中不可或缺的一部分。

对于一个几千年来受贫穷与饥饿折磨的民族,有着高产量的杂交水稻良种来帮助解决吃饭问题,这是一个多么巨大的贡献啊。一些地区称他为当代"神农",国际同行称他的研究是"全人类的福音"。他先后获得了国内国际多项顶尖大奖,身兼数十个学术和社会职务;浩瀚宇宙中,以袁隆平的名字命名的小行星闪烁翱翔;风云市场上,以他的名字命名的股票隆重上市。袁隆平,由安江农校的一名普通教师,终于登上了中国"杂交水稻之父"的殿堂!

如今,年迈的袁隆平依然没有放弃科研,他有生之年有两个心愿:一是把"超级杂交稻"合成;二是让杂交稻走向世界。这是袁隆平的心声,一种博大的爱。

为了实现这个心愿,袁隆平从成绩与荣誉两个"包袱"中解脱出来,超然于名利之外,对于众多的头衔和兼职,能辞去的坚决辞去,能不参加的会议一般不参加,魂萦梦绕的只有杂交稻。他希望杂交水稻的研究成果,不但能增强我们国家自己解决吃饭问题的能力,同时也为解决人类仍然面临的饥饿问题做出更大的贡献。因此,他把帮助其他国家发展杂交稻当作为人类谋幸福的崇高事业,还受聘担任了联合国粮农组织的首席顾问。

"喜看稻菽千重浪,遍地英雄下夕烟。"满载着袁隆平的梦想与希望,杂

交水稻在中国和世界的大地上播种和收获,创造着一个个神话般的奇迹。世界杰出的农业经济学家唐·帕尔伯格在名著《走向丰衣足食的世界》一书中写道:"袁隆平为中国赢得了宝贵的时间,他增产的粮食实质上降低了人口增长率。他在农业科学上的成就击败了饥饿的威胁。他正引导我们走向一个丰衣足食的世界。"

2010年9月1日,是"杂交水稻之父"袁隆平院士的80寿辰。6日晚,湖南卫视为袁隆平院士和正在此间举行的首届中国杂交水稻大会,献上了一台名为"为了大地的丰收"的文艺晚会,中共中央政治局常委、国务院总理温家宝,中共中央政治局常委、全国政协主席贾庆林发来贺信,祝贺袁隆平院士80岁生日。有很多声音强烈建议——中国政府应该推荐袁隆平为诺贝尔和平奖候选人,因为"消除贫穷与饥饿才是最好的和平,以袁隆平为中国乃至于世界粮食事业做出的巨大贡献,完全有资格获得诺贝尔和平奖"。

逐梦箴言

"知识+汗水+机遇+灵感=成功",这个公式等于袁隆平一生的缩写!机遇只偏爱有准备的头脑,从一棵天然杂交稻开始,袁隆平开创了水稻育种的新历史。他虽然出生在官宦家庭,但却勤勤恳恳、踏踏实实、一步一个脚印,勇于克服一切困难,坚韧不拔,经过不懈努力终于获得成功。他的贡献远远超越了杂交水稻,给整个民族留下了一笔绵延世代的宝贵财富。"躬身田畴,心怀天下",袁隆平以淳美质朴的崇高品质和境界,成为中国的英雄、世界的典范!

神农氏

华夏太古三皇之一,传说中的农业和医药的发明者,尝遍百草,教人医疗与农耕。也因为此两项重要贡献,被世人尊称为"药王"、"五谷王"、"五谷先帝"、"神农大帝"等,为掌管医药及农业的神祇,不但能保佑农业收成、人民健康,更被医馆、药行视为守护神。传说神农氏有一条神鞭,名为赭鞭,用来鞭打各类花草,可令采到花草的药、毒、寒、热等特性显露出来。他还发明了陶器,陶器是与农耕同时出现的,被誉为继火的使用之后的又一大创举。

马哈蒂尔科学奖

由马来西亚前总理马哈蒂尔于 2004 年倡导成立,两年一次,旨在表扬全球通过科学与科技解决问题的科学家和机构。科学奖得主将获得 10 万马币(约 22 万人民币)奖金。马哈蒂尔·穆罕默德,1925 年 12 月 20 日生于马来西亚吉打州首府亚罗士打,1981 年起任马来西亚总理 22 年,成为马来西亚历史上在位最长的政府首脑。在国际上也有良好的口碑,是一位杰出的政治家。

■ 与饥饿抗争的绿色革命之父

在美国历史上，只有五人囊括了诺贝尔和平奖、美国总统自由勋章、美国国会金质奖章，他们分别是：马丁·路德·金、特里萨母亲、纳尔逊·曼德拉、埃利·维厄瑟尔以及诺曼·布劳格。这种成功，比同时获得奥斯卡、艾美奖和托尼奖更伟大，更珍贵。

但是，诺曼·布劳格是谁呢？似乎很少人有真正了解他。

他就是被誉为"绿色革命之父"的美国著名农学家和科学家，由于他在粮食及对抗饥荒等领域贡献卓越，被评为1970年"诺贝尔和平奖"。尽管美国总统和美国参众两院的议长都出席了颁奖仪式，但却因为这位老农学家从不喜欢制造新闻，即便在他挽救全世界超过10亿人而广受赞誉的时候，他依然是默默无闻地站在"绿色农业"第一线，成为被人们遗忘的"诺贝尔奖"得主。

1914年3月25日，诺曼·布劳格生于美国爱荷华州的贫穷家庭，他的童年是在寒冷和饥饿中度过的。14岁那年，诺曼·布劳格随父亲到田里去观察麦子的长势，他发现有的地里，麦子长得很好；而有的地里，麦子长得却不好；尤其是相邻的两块地里，麦子的长势却大不相同。这究竟是为什么呢？他就赶紧问父亲是怎么回事。父亲叹了口气说，谁也弄不明白是什么原因，如果麦子都有好收成，人们就能少挨饿了。小布劳格记住了父亲的叹息，也是多年后他才明白，他在少年时代发现的问题，正是有待人们开拓的一个新科学领域，研究什么是导致农业衰退的根本原因。

年轻时，诺曼·布劳格很擅长摔跤，并靠摔跤的奖学金完成中学和大学的学业。对此，诺曼·布劳格曾风趣地表示，自己喜欢摔跤运动，并一直在尽力与贫困、饥饿和苦难摔跤。他的大学最早是攻读明尼苏达大学的林学系，但后来有一件事震动了他，促使他改变了原来的专业。

那是课后在校园里漫步时，布劳格被贴在演讲厅门前的一张海报吸引了目光，海报的内容是一次称作《病虫害、人口、世界性饥饿》的学术报告。他随着人群走进会场，仔细聆听演讲，并且被富有说服力的理论震撼了心灵，陡然感觉到自己肩上似乎沉重起来，让他激情澎湃地想担负起某种使命。于是，他把这些有关世界性的饥饿、粮食、人口、病虫害、科学等，全都讲给女友听，然后他十分庄重地宣布："我要学习和研究植物病理学！"没想到，立刻得到了女友的大力支持。就这样，明尼苏达大学林学系毕业的高才生转系成为斯塔门博士的谷物植物病理学的研究生，从此，布劳格开始了从事谷物植物研究的伟大事业。

1944 年 10 月，布劳格跟随农业专家工作小组前往墨西哥，帮助墨西哥解决粮食问题，具体的工作包括培育出适合当地生长的小麦、玉米和豆类的新品种，改良土地，改革农作制度。

墨西哥农民是在 1901 年的流血革命中分到土地的，但他们既不懂耕种技术，又没有农具。他们把政府的贷款全部滥用掉，不懂得什么是饲养、种植、施肥等，多年来在同一块土地上种植同样的作物，土地的精华早已消耗殆尽，而他们又不懂得如何使土地恢复元气。人们用流传下来的老方式耕种，早已远远落后于时代，不但不肯接受新的耕作方法，最令人无奈的是还迷信鬼神，愚昧无知和固执。农学家们在这样的环境中，很难开展工作。

有位农民好不容易答应借出一英亩土地作为小麦试验田，但当布劳格把铁犁套在牛身上耕地时，那位农民却暴跳如雷地叫喊起来，说铁犁破坏了他土地的气脉！第二天，布劳格发现自己种了麦子的地，已经被牛蹄子踩得一塌糊涂了。不过，布劳格并不气馁，他决心排除各种障碍，一定要培养出墨西哥自己的农学家队伍，使他们掌握美国使用的最新农业科技，独立承担起发展本国农业的任务。

然而困难是难以预料的。当布劳格试验站培育的小麦新品种成功以后，农民们却不以为然，谁也不肯带头试种。一位美国移民告诉布劳格，如果取得当地一位有钱有势的农场主的赞同和支持，就有可能在这个地区打开局面。布劳格于是找到那位农场主，但对方根本不相信他们的研究成果。布劳格只好决定在自己的试验田里开一个现场会，让大家亲眼看看自己培养的小麦旺盛的长势。但当他把请帖发出去以后，竟然没有一个人来参加。布劳格第一次感到又生气又无奈，盼望有机会能教训教训这位农场主。

机会终于来了。当地农民的麦田流行起了锈病。布劳格把这个消息告诉了那位农场主，希望引起他的重视，转而同意帮助推广自己抗锈病的小麦新品种。但对方依然不以为然，反而带布劳格去参观他自己的麦田。布劳格当即提醒对方那种麦子遇到大风，颈部非常容易被折断，但对方根本听不进去，说他妖言惑众。十天以后，那位农场主的小麦果然被大风吹断了一大半，那位农场主也从此接受了布劳格，并带领农民们一起种植布劳格开发的杂交矮秆小麦，并且取得了三倍于往年的收成。从此，当地农民们把布劳格看成了上帝的使者。

后来，在洛克菲勒基金会的帮助下，布劳格把全世界的农学家带到墨西哥，学习他的种植和土壤保持技术。不过，美国政府和学界的批评者认为，布劳格一定是太狂热了，才相信这种技术能在不同土地上应用。但"狂热"的结果是，布劳格掀起了被称作20世纪最伟大的人道主义成果的"绿色革命"。在1965年，印巴战争中的榴弹险些击中布劳格，但却没有让他放弃这种对农业的"狂热"追求，他还是努力使印度农作物增产了7倍。

20世纪70年代，布劳格获得了"诺贝尔和平奖"，他来到中国，并取得伟大的成功。直到最近几年，他的观念还在向全球扩散，驳斥着马尔萨斯的人口论。后来，在盖茨基金会的帮助下，布劳格正在将创新理念传递到遭受饥荒威胁的非洲，帮助那里远离饥饿，迎来期待已久的温饱。

2009年9月12日，诺曼·布劳格因为癌症在得克萨斯州的家中逝世，享年95岁。

逐梦箴言

"要努力成为最棒的。不要满足于表面，要立志摘下天上的星星。"这是诺曼·布劳格对后辈的鼓励，也是他一生不懈追求的原动力。当一个人一心一意做好事情的时候，他最终是必然会成功的，布劳格心系天下人的饥饿问题，以不懈的努力终于帮助人们填饱了肚子。执着追求和不断的分析，这是他走向成功的双翼。如果不执着，便容易半途而废；如果不分析，便容易一条道走到天黑。尽管在晚年，布劳格遭受了时尚环保主义者的批评，但是——他还是被世界公认为"绿色革命之父"！

知识链接

绿色革命

最初指一种农业技术推广。狭义的绿色革命是指发生在印度的"绿色革命"。1967—1968 年，印度开始了靠先进技术提高粮食产量的"绿色革命"的第一次试验，结果粮食总产量有了大幅度提高，使印度农业发生了巨变。广义的绿色革命是指在生态学和环境科学基本理论的指导下，人类适应环境，与环境协同发展、和谐共进所创造的一切文化和活动。

诺贝尔和平奖

是由瑞典发明家阿尔弗雷德·诺贝尔创立的五个诺贝尔奖中的一个。根据诺尔的遗嘱，诺贝尔和平奖不应该与其他四个奖项一起在瑞典颁发，而是应该在挪威首都奥斯陆。和平奖的评奖委员会是由五人组成的挪威诺贝尔委员会，其成员由挪威议会任命，应该奖给"为促进民族团结友好、取消或裁减常备军队以及为和平会议的组织和宣传尽到最大努力或做出最大贡献的人"。

我的未来不是梦

■ 在落后保守中艰难求索

现在大家经常吃甘薯，却不一定知道最早引进甘薯者是何许人。在中国历史上，提倡农学并引进甘薯的人，是生活在明朝的徐光启。他是著名的农学家、数学家、科学家、政治家和军事家，被外国人誉为"徐上海"。

"忆上海先贤，明爱国之志"——2012 年 4 月 24 日，明末爱国科学家徐光启诞辰 450 周年纪念会在徐汇区光启公园举行，包括社区居民、中小学生、徐氏后裔代表等在内的 400 多名社会各界人士，共同纪念这位被外国友人称为"徐上海"的中西文化交流第一人。

徐光启生于明嘉靖四十一年，也就是公元 1562 年，卒于 1633 年，字子先，号玄扈，通天文、历算，习火器。父亲是一个小商人，他们的家乡不是城市而是乡村，四周都是种满庄稼的农田。徐光启小时候进学堂读书，就很留心观察周围的农事，对农业生产有着浓厚的兴趣。

青少年时代的徐光启聪敏好学，活泼矫健，当时人们说他"章句、帖括、声律、书法均臻佳妙"，喜欢雪天登城，在龙华寺读书时喜登塔顶，"与鹊争处，俯而喜"。万历九年（即 1581 年）徐光启中了秀才，"便以天下为己任。为文钩深抉奇，意义自畅"，他曾说"文宜得气之先，造理之极，方足炳辉千古"。这是由神童到才子的形象。

20 岁考中秀才以后，徐光启先后在家乡和广东、广西教书，白天给学生上课，晚上广泛阅读古代的农书，钻研农业生产技术。由于农业生产同天文历法、水利工程的关系非常密切，而天文历法、水利工程又离不开数学，

他又进一步博览古代的天文历法、水利和数学著作。那时候连年自然灾害，再加上屡次考举人不中，这期间，徐光启真是备受辛苦。

大约在 1593 年，徐光启受聘去韶州任教，2 年后又转至浔州。在韶州，他第一次与传教士接触；第一次见到一幅世界地图，知道在中国之外竟有那么大的一个世界；又第一次听说地球是圆的，有个叫麦哲伦的西洋人乘船绕地球环行了一周；还第一次听说意大利科学家伽利略制造了天文望远镜，能清楚地观测天上星体的运行。所有这些对他来说，都是闻所未闻的新鲜事，从此他又开始接触西方近代的自然科学，知识更加丰富了。

经过一段时间的学习，徐光启完全弄懂了欧几里得这部著作的内容，深深地为它的基本理论和逻辑推理所折服，认为这些正是我国古代数学的不足之处。于是，徐光启建议传教士同他合作，一起把它译成中文。开始，传教士对这个建议颇感犹豫，因为欧几里得的这部著作是用拉丁文写的，拉丁文和中文语法不同，词汇也很不一样，书里的许多数学专业名词在中文里都没有相应的现成词汇。要译得准确、流畅而又通俗易懂，是很不容易的。但徐光启认为只要肯下工夫，总是可以译成的。在他的一再劝说下，传教士也就同意了。

从 1606 年的冬天，徐光启开始了紧张的翻译工作。先由传教士用中文逐字逐句地口头翻译，再由徐光启草录下来。译完一段，徐光启再字斟句酌地做一番推敲修改，然后由传教士对照原著进行核对。遇有译得不妥当的地方，就把原著再仔细地讲述一遍，重新修改，如此反复。徐光启对翻译非常认真，常常是到了深夜，还独自坐在灯下加工、修改译稿。有时为了确定一个译名，他不断地琢磨、推敲，不知不觉地就忙到天亮。

译文里的"平行线"、"三角形"、"对角"、"直角"、"锐角"、"钝角"、"相似"等等中文的名词术语，都是经过他呕心沥血的反复推敲而确定下来的。在书名的确定上，徐光启想起了"几何"一词，觉得它与"Geo"音近意切，建议把书名译成《几何原本》。1607 年，《几何原本》前六卷正式出版，马上引起巨大的反响，成了明末从事数学工作的人的一部必读书，对发展我国的近代数学起了很大的作用。

　　明朝末年,后金政权不时对明朝发动进攻,整个社会处在动荡不安的状态。后来,徐光启终于考中举人和进士,担任翰林院庶吉士的官职,在北京住了下来。徐光启富于爱国的热忱,立志"治国治民,崇正辟邪,勿枉为人一世"。他废寝忘食地在馆所撰课艺,如《拟上安边御敌疏》《拟缓举三殿及朝门工程疏》《处置宗禄边饷议》《漕河议》等,表现了忧国忧民的思虑和渊博的治国安邦的谋略。

　　徐光启继续向传教士学习科技知识,希望能够利用科学技术帮助国家富强起来,使天下的黎民过上"丰衣食,绝饥寒"的安定富裕的生活。与此同时,对他们的传教活动也进行了协助,帮他们刊刻宗教书籍,对传教士的活动也有所庇护。结果,因为徐光启的这许多行为与时代不符,立刻引起朝臣误解,加上与其他官员的一些意见不合,最后被迫辞去官职,到天津安静地过日子。

　　那段时间,徐光启确实过得很安静,放下政治和军事等问题,在天津购置了土地,种植水稻、花卉、药材等,并且从事农事试验。这期间,徐光启写成"粪壅规则"(施肥方法),并写成他后来的农学方面巨著《农政全书》的编写提纲。

　　万历四十七年(1619年),徐光启重新被启用,以詹事府少詹事兼河南道监察御史的新官衔督练新军。他主张"用兵之道,全在选练","选需实选,练需实练"。这期间他写了各种军事方面的奏疏、条令、阵法等等,后来大都由他自选编入《徐氏庖言》一书之中。魏忠贤阉党擅权时,为笼络人心,曾拟委任徐光启高职,但徐光启不肯就任,引起阉党不满而被弹劾,皇帝命他"冠带闲住"。于是,徐光启又回到上海"闲住",从而有了充足的时间进行《农政全书》的写作,直到崇祯帝即位杀魏忠贤后,他再次得以官复原职,三年后成为朝廷重臣,直至宰相。

　　徐光启贡献最大、影响最深的,是对农学和水利方面的研究。他从战略高度来看待水利问题,把水利视为治国安邦的重要一环。他在《农政全书》中写道:"水利农之本也,无水则无田矣。"深刻阐明了水利与农业的关系。

　　明王朝迁都北京后,政治中心同经济重心远离。每年需要从东南漕运400多万石粮食及其他物资。所谓"军国大命,独倚重于漕运"。为此明代奉行水利为漕运服务的方针。"漕运第一,灌田次之"、"灌田者不得与转漕争利"这个方针的长期实行,耗费了大量水资源,带来河运紧张、加剧河患、劳民伤财、经济凋敝等严重的社会后果。

　　徐光启疾呼"漕能使国贫,漕能使水费,漕能使河坏",主张改变灌溉服从漕运的方针,确立水利为农业服务的原则。采取措施节水用水,将包括原来用于漕运的水源,用来灌溉农田,增加粮食生产,特别要发展北方的水利和农业,变天下为江南,改变南粮北运的局面。这些主张至今仍具有重要的借鉴作用。他还推广甘薯种植,总结栽培经验,同时总结蝗虫虫灾的发生规律和治蝗的方法,为老百姓造福。

　　回顾徐光启的一生,虽然几经波折,却一直勤勤恳恳,天下为公,从政数十年清廉自守,逝世时身边仅有纹银十两。他终身致力于科学研究,是中国深刻认识世界科学的第一人,也是第一个大力介绍西方近代科学技术到中国来的学者,值得后世之人敬仰。

逐梦箴言

　　"在一个崇高的目标支持下,不停地工作,即使慢,也一定会获得成功。"徐光启用一生的风雨波折,见证了这句迈向成功的箴言。成功向来都不是一帆风顺的,更何况是在那个相对封闭相对落后的年代。徐光启并没有被反对的声音吓倒,而是心系百姓道疾苦,悲天悯人,用自己的知识和努力,为老百姓谋得福利。"在别人藐视的事业中获得成功,是一件了不起的事情,因为不但战胜了自己,也战胜了别人。"

我的未来不是梦

知识链接

徐光启著作

1603年《毛诗六贴讲义》4卷；1607年《几何原本》前6卷（与利玛窦合译）、《测量法义》（与利玛窦合译）；1608年《测量异同》、《甘薯疏》；1609年《勾股义》；1611年《简平仪说》；1612年《泰西水法》（与熊三拨合译）；1613年—1618年《农书草稿》（北耕录）；1614年《定法平方算数》2卷、《刻同文算指序》；1619年《考工记解》、《选练条格》；1620年《农遗杂疏》5卷；1625年—1628年《农政全书》60卷；1627年《徐氏庖言》5卷；1629年—1633年《崇祯历书》137卷。

● 智慧心语 ●

真诚的科学工作者，就是真诚的劳动者。

——丁　颖

成功的秘诀是：知识、汗水、灵感、机遇。

——袁隆平

我们的生命虽然短暂而且渺小，但是伟大的一切正是由人的手所造成。

——屠格涅夫

明白自己要追求什么是最重要的。你是否追求科学的成就？如果是，那么你就去努力。

——陈文新

我们从别人的发明中享受很大的利益，我们也应该乐于有机会以我们的任何一种发明为别人服务；我们应该自愿地和慷慨地去做。

——富兰克林

我的未来不是梦

035

第三章

坚持真理

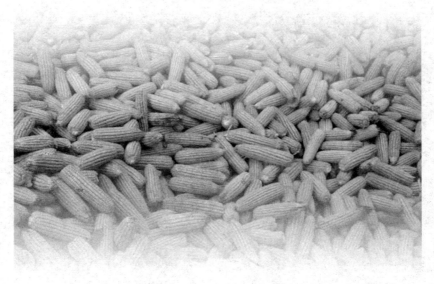

○导读○

　　人类用认识活动去了解事物，用实践活动去改变事物；用前者去掌握宇宙，用后者去创造宇宙。在掌握和创造的过程中，难免会遇到不同的声音和反对的话语，很多人因此而退却了，最后与成功失之交臂。但有的人坚持了下来，因为他们是在真正地探求真理，而不是仅仅为了博得荣誉和掌声。要坚持真理，不论在哪里也不要动摇——因为"真理是通往成功的唯一钥匙"！

■ 在黑暗中陨落的科学巨星

《环球》杂志是中国极具影响力的国际品牌刊物,1987 年第五期的一条"编者按"引起人们关注:"今天是苏联著名生物学家、全苏列宁农业科学院第一任院长尼古拉·瓦维洛夫诞辰一百周年(1887—1943 年)。联合国教科文组织决定,在全世界为这位对世界生物学做出过卓越贡献、而本人的命运却充满悲剧色彩的伟大学者广泛展开纪念活动。"

面对这样的一段文字,肯定很多人会产生疑问:瓦维洛夫究竟有什么伟大成就?作为一名科学家,又具有怎样充满悲剧色彩的命运呢?若想解答以上问题,那么就要先从瓦维洛夫对植物种群研究所做出的贡献讲起。

瓦维洛夫全名尼古拉·伊万诺维奇·瓦维洛夫,他的成就举世瞩目,赢得了国内外科学家的尊重。他不但是一位科学家,而且也是一位爱国主义者、优秀的国务活动家。

他在科学上的成就是多方面的,早期主要从事植物免疫性研究,曾深入研究栽培植物及其近缘野生种的种内分类学,进行了 180 次科学考察,其中 40 次在国外,考察的国家和地区有 50 多个,亚洲、欧洲、非洲、北美洲、南美洲,无不留下他的足迹,曾博得"当代考察旅行最广泛的生物学家"的称号。这些考察的结果,使作物栽培研究所获得了 25 万余份材料,其中小麦 36 000 份,玉米 10 022 份,豆类 23 636 份,禾草 23 200 份,蔬菜 17 955 份,果树 12 650 份。他在学术上提出了"遗传变异的同源系列定律"和"栽培植物起源中心理论",这个结论写入了《栽培植物起源变异、免疫和繁育》

一书中,他也成为公认的对植物种群研究做出最大贡献的学者之一。

瓦维洛夫一生发表过 350 多篇科学著作和文章,其中有许多是利用晚间休息或旅途中写下或口述的。他善于思考,十分勤奋,精力过人,对工作总是满怀信心,一生从未休过假,大部分时间都是在办公室和旅途中度过;他十分博学,精通农学和生物学,能读、能写,能说英语、法语和德语;他是多种杂志的主编,其中最著名的有《应用植物、遗传、育种文集》,同时,他还负责科尔罗伊德、达尔文、孟德尔、摩尔根、缪勒等人著作的翻译、审阅和出版工作;他的名字,经常出现在苏联《真理报》和《消息报》上,他的名声,传奇式地在世界各地传播⋯⋯

1887 年 11 月 26 日,瓦维洛夫出生于俄国莫斯科。父亲是一家公司经理,母亲是雕刻艺术家的女儿。瓦维洛夫有兄弟姐妹四人,他排行第二,他们后来全都成为科学家,物理学家的弟弟谢尔盖曾任苏联科学院院长。瓦维洛夫的妻子叶琳娜·伊万诺夫娜·巴鲁琳娜是其同事,他们的两个儿子奥列加和尤里后来也成了物理学家。

瓦维洛夫自幼喜欢读书,小学毕业后进入莫斯科商业学校,后考入莫斯科大学农学院,大学毕业论文《莫斯科省的园田害虫蛞蝓》荣获莫斯科工艺博物馆的波格达诺夫奖。毕业后留校任教并从事谷类作物品种资源研究等工作,曾被派往英国进修,在剑桥大学听著名遗传学家庞尼特讲课,在著名小麦育种家毕芬实验室工作,还对当时收集的世界小麦品种进行免疫学研究。

1914 年第一次世界大战爆发,瓦维洛夫被召回国;同年,以《流行病的植物免疫学》论文通过硕士学位。后来组织了赴伊朗和帕米尔的植物和地理考察,在列宁支持下改建全苏应用植物和新作物研究所,瓦维洛夫任所长直至 1935 年。这时,该所已成为全苏列宁农科院最大的研究所,在全国有 400 多个试验站,编制 2 万余人。

遗传变异的同源系列定律,是瓦维洛夫在 1920 年最先提出的,后经不断补充修改臻于完善。瓦维洛夫在研究大量谷类作物品种资源后发现,存在于一个种中的很多性状常常也存在于它的近缘种属甚至科中。例如普通小麦的麦穗和种子出现有芒无芒、有色无色、蜡质非蜡质等性状变异,在

小麦属的其他种中以及其他禾本科作物如大麦、燕麦、水稻、玉米中都存在。瓦维洛夫把这种现象称为遗传变异的同源系列定律。他指出：遗传上相近的种和属具有一系列相应的遗传变异，如果知道一个种的一系列类型，就可预料在其他种和属中也存在着与之平行的类型；种和属在分类系统中遗传距离越近，其变异系列就越相近。

然而，就是这样一位功勋卓著、品德高尚的科学家，从20世纪30年代开始，由于政治对科学的粗暴干涉，让他受到了极不公正的对待和残酷疯狂的迫害，不仅许多重要职务被解除，还在报纸上被公开点名批判，说他是"人民敌人的帮凶"。说起那段悲惨的遭遇，又要回溯到1929年苏联国内出现的"高速度建设"时期——

那一年，联共第十六次代表会议决定，要以最快的速度按照社会主义方式改造农业，要在第一个五年计划中，开垦15万平方千米的土地！

当时瓦维洛夫任全苏列宁农业科学院首任院长，对这项改革农村落后面貌的计划既兴奋又担忧。计划过于庞大，苏联还不具备相应的科学水平和能力，根本不可能把资本主义世界花了上百年才获得的成果，通过一声命令就获得。他向党的最高领导语重心长地说出了自己的忧虑。

然而，非但没有受到应有的重视，第二年农业人民委员部认为原计划很落后，反而进一步提出开垦1.31亿公顷耕地的计划，要求农科院在数月内兴建50个研究所和180个地区试验站；以最快的速度为集体农庄和国营农场提供最优良的种子、最先进的耕作技术和经营农业的方法等。瓦维洛夫再也忍不下去了，因为他清楚地知道："高速度培养"学者是对科学的庸俗歪曲，急于求成是办不到的。但是，他的观点被指责为"极限论"，身心受到严重攻击。

不过，瓦维洛夫一刻也没有松懈过自己的工作，继续探索生物遗传学，并形成了世界知名的列宁格勒学派。1926年，他还曾被选进了最高政府机构全俄中央执行委员会，并获得了列宁奖金。随后，国际上的科学组织和其他国家，也纷纷授予瓦维洛夫多种桂冠。谁也不会想到，这样一位追求真理的学者，却因为学术争论导致图圄之灾，更让人心痛的是，对他投井下石的人不是别人——正是他一手培养起来的学生李森科。

本来,李森科基本上没有读过生物学名著,且特别蔑视对生物遗传学的研究。可是,他所做的"作物春化"试验引起了瓦维洛夫的关注。作为老师的瓦维洛夫,热情地向科学院生物学部介绍了李森科的春化试验,并推荐其担任科学院通讯院士并委派他担任敖德萨研究所所长。但不幸的是,这种无私的扶持却成了学生谋害老师的序幕。

李森科利用春化试验作为政治资本,利用各种场合为自己树碑立传,声称自己是"米丘林达尔文主义"的继承者。从此,"米丘林达尔文主义"就成了苏联生物学的正宗派,而现代生物遗传学则是资产阶级的"胡说八道"。自此,前苏联生物学界形成两大学派:以李森科为首的进步生物学派和以瓦维洛夫为首的生物遗传学派。李森科一派掌握了许多研究所和舆论工具,大肆地鼓吹进步生物学派,而对瓦维洛夫一派则进行了无情打击。瓦维洛夫本人被指责为"摩尔根-孟德尔分子"、"反米丘林分子"等。

1940年,瓦维洛夫奉命带领考察队到乌克兰和白俄罗斯西部去考察。尽管无休止的争论、政治上的高压导致他经常被迫中断科研工作,身体也已十分虚弱,但瓦维洛夫对于考察工作依然特别高兴。可是残酷的政治形势急剧变化——李森科兼任了农科院院长,而瓦维洛夫反降为副职;紧接着,莫须有的罪名将瓦维洛夫送进大牢。瓦维洛夫否认自己"积极参与了反苏破坏组织的活动,是一名外国间谍"的罪名,导致每次对他的审讯竟达十多小时,甚至没日没夜地轮番审他。在强大的压力和残酷的折磨下,可怜的瓦维洛夫终于屈打成招了,从此后在与世隔绝的世界里,利用偶得的纸、笔,凭着自己的记忆和渊博学识,继续著书立说,坚持完成了《农业发展史(世界农业资源及其利用)》一书。

然而,无情的政治斗争并未因此而放过他,未经正式审讯瓦维洛夫就被宣判了死刑,并没收属于个人的所有财产。幸亏后来最高苏维埃主席团主席加里宁出面干预,其死刑才没有立即执行。死里逃生的瓦维洛夫十分珍惜宝贵的生命,在狱中给难友们孜孜不倦地讲述着历史、生物学和林业技术。仅对生物学、生物遗传学和作物栽培学,他就讲了一百多小时。由于长期劳累和不公正待遇,再加上积愤忧虑,致使瓦维洛夫的健康状况日

益恶化。1943年1月26日，他含恨去世了。当时，既没有人知道他的真正死因，更没有人知道墓地在何处，可怜一代科学巨星消失得无影无踪……

1965年2月，全苏科学院为瓦维洛夫彻底平反，完全恢复其荣誉；《真理报》也发表文章，指出李森科许多反科学的有害观点，废除李森科所处的特殊地位；同年，苏联科学院设置了"瓦维洛夫奖金"，以用来奖励在生物遗传学、选种学和作物栽培学等方面有杰出贡献的科学家；后来又成立了瓦维洛夫遗产委员会，列宁格勒举行了瓦维洛夫诞生80周年纪念会，瓦维洛夫终于可以安息了！

逐梦箴言

一位哲学家曾经说过："社会就是用困难来筛选持有真理的人，使他最终成为胜利者。"瓦维洛夫正是这样一个被困难筛选的人，他的一生受过委屈和侮辱还有莫须有的罪名，但"真金不怕火炼"，真理经得起时间的验证，伟大的思想绝不会因为肉体的消失而磨灭。庆幸的是，人们终于在萨拉托夫找到了瓦维洛夫的坟墓，并在塑像上刻下此段碑文："尼古拉·伊万诺维奇·瓦维洛夫院士（1887—1943）。"人们永远不会忘记——这位在黑暗中陨落的科学巨星！

知识链接

李森科

李森科出生于乌克兰一个农民家庭，苏联农学家、生物学家。曾提出与基因学说相对立的遗传学说，并进一步将他的观点普及化而提倡米丘林生物学，从而也与全世界生物学界在思想上处于对立的地位。1929年，其父偶然发现在雪地里过冬的小麦种子，在春天播种可以提早在霜降前成熟。李森科在此基础上，发展了一种称为"春化处理"的育种法，即在种植前使种子湿润和冷冻，以加速其生长。

■ 牢记百姓温饱的父母官

　　我国有句谚语"民以食为天",几千年来,是农业养育了亿万华夏儿女。而西汉晚期氾胜之的著作《氾胜之书》,被认为是我国最早最重要的农书。该书总结了古代黄河流域劳动人民的农业生产经验,记述了耕作原则和作物栽培技术,对促进我国农业生产的发展,产生了深远影响,由此闻名于世。

　　氾胜之是中国农学先驱,他的先人本姓凡,秦末为躲避战乱,举家迁往山东氾水,改氾姓。大约公元前1世纪的西汉末期,氾胜之出生在一个农民家庭,勤劳的父母教会了他如何种田,也培养了他对农作物生长和栽培的浓厚兴趣。

　　氾胜之从小聪明懂事,非常乐于助人,有时间就帮着乡亲们做事,深得大家的喜爱。尤其看到他喜欢研究农业技术,乡亲们便有意无意地给他讲一些生产经验,同时也讲述农业生产中遇到的苦恼。善于积累的氾胜之记录下大家的话,没事的时候就躲在一边悄悄研究,或者干脆到农田里亲自实践,希望帮助乡亲们解决耕种难题,让庄稼有更好的收成,让人们的生活相对更富足些。

　　在汉成帝的时候,氾胜之步入仕途。当时的农业生产和农业科技出现了新情况:一是人口的迅速增加。汉平帝年间在籍民户为1 200多万,口数为5 900多万,这是汉代人口的最高峰。对粮食的需求量也因此越来越大。二是西汉中期以后,土地兼并日益发展,大量农民丧失土地,社会上出现严重的流民问题。汉朝统治者面临一个如何安置无地或少地农民,稳定和发

展农业生产的问题。在这样的状况下，氾胜之受朝廷的遣使，以轻车使者的身份到三辅，也就是现在陕西省关中平原。

在那里，氾胜之负责管理农业，克服生活环境和各方面的困难，向农民传授农业技术。氾胜之继承了前人的重农思想，认为粮食是决定战争胜负的关键，谷帛是统治天下的根本，其主张备荒的思想常为后世农学家所称道。

备荒思想的源头可以追溯到远古时期，人们栽培农作物一方面为了得到稳定的食物来源，另一方面则利用粮食的耐贮性解决冬季的饥荒问题。战国初期李悝提出了耕种"必杂五种，以备灾害"的主张，孟子也把"乐岁终身饱，凶年免于死亡"作为政治理想和富民目标。氾胜之在此基础上不仅形成了明确的备荒思想，而且设计了具体的备荒方案，把防备灾荒作为农户家庭管理的一项基本方针提了出来，将大豆列为备荒作物，要求农户家庭根据人口多少确定大豆种植面积，每人以五亩为宜。他还认为稗草能忍受大水和干旱，是容易生长的作物，也可用于备荒。在古代，水旱灾害是导致农业歉收、农民破产的主要原因之一，氾胜之提出的以大豆和稗草作为备荒作物的方法在一定程度上保证了农业生产，稳定了社会秩序。

在此期间，氾胜之亲自深入到农业生产实践中去，认真研究当地的土壤、气候和水利情况，因地制宜地总结、推广各种先进的农业生产技术。经过实地考察，反复试验，总结推广了新的耕作方法——"区田法"。他把土地分成若干个小区，做成区田。每一块小区，四周打上土埂，中间整平，深挖作区，调和土壤，以增强土壤的保水保肥能力。采用宽幅点播或方形点播法，推行密植，注意中耕灌溉等。区田法的推广和运用，大大提高了关中地区单位面积产量，受到广大农民的欢迎。一直到清朝时，农学家杨屾在关中地区依然提倡这种耕作方法，甚至新中国成立后的陕北地区，农民还保留着氾胜之当年推行的区田耕作法。区田法是最能反映中国传统农学特点的技术之一，它基本符合旱农科学原理，适应了北方干旱少雨的环境，是我国农学史上的宝贵遗产，也是《氾胜之书》的核心内容。

氾胜之对农业科学的贡献是多方面的。他大力推广种子穗选法，要求

躬身田畴农为本

在田间选择子粒又多又饱满的穗留作种子。他发明推广了"溲种法",就是在种子上粘上一层粪壳作为种肥,其原理直至今天还在应用。瓠子是当时三辅地区一种重要的经济作物。但由于瓠既不耐旱又不耐涝,产量一直低而不稳。氾胜之听说有一位农民是种瓠子的行家里手,就亲自登门拜访,同这位农民交上了朋友。他仔细观察研究这位农民的种瓠过程,自己还亲手反复做种植试验,终于总结出了一套瓠子种植高产技术,即"种瓠法"。用这个新技术栽种的瓠子,个儿长得特别大,一个可抵过去的十个大。

氾胜之虽然身为朝廷命官,但却时时想着农业丰收,惦记百姓的温饱。为了总结推广群众中的新鲜经验,他常常微服出访,走遍了关中平原,虚心向种田好手请教,把群众的种田经验同自己的研究成果结合起来。他对北方的水稻、蚕桑、小麦、瓜果等作物的栽培技术进行了深入的研究,总结推广了种麦法、种瓠法、穗选法、种瓜法、调节稻田水温法、保墒法、桑苗截干法等。

农业技术的推广,促进了农业生产的发展,由于受到了广大农民的尊敬和爱戴,氾胜之后来官居御史、黄门侍郎。

氾胜之经过长期的刻苦努力,终于把自己对农业的毕生研究成果写成《氾胜之书》,全书原 2 卷 18 篇,北宋时丢佚。后来从《齐民要术》及《太平御览》等书中辑录约 3 000 余字。《氾胜之书》是我国历史上第一部农业科学专著,发展了战国以来的农学,在当时享有很高的声誉,以至对后世产生了极其深远的影响。

逐梦箴言

"人生伟业的建立，不在于能知，乃在于能行。"氾胜之终其一生，都在古老的土地上孜孜以求，寻找为老百姓创造丰衣足食的金钥匙。身为官员，他时刻牵挂着老百姓的温饱问题，既然无法改变环境，那就想出解决问题的办法。他亲自进入农田地头，无数次微服私访，因为他坚信：如果想要更多的玫瑰花，就必须种植更多的玫瑰树。有了良好的开端，便有了追求的方向和动力，那么再艰苦的条件里也能创造出丰硕的成果！

知识链接

李悝

战国时期魏国著名政治家，法家代表人物，周定王五十四年（前 455 年）生，周安王七年（前 395 年）卒。嬴姓，李氏，名悝。曾任魏文侯相，主持变法。曾受业于子夏弟子曾申门下，经常和秦人交锋作战，能参与机密，为文侯心腹之臣。司马迁说："魏用李克尽地力，为强君。"班固称李悝"富国强兵"。这些记载都表明，文侯时魏能走上富强之路，李悝曾做出很大贡献。

我的未来不是梦

■ 以"错误之柜"三省吾身

　　古今中外著名农业科学家中,不能不提德国化学家尤斯·冯·李比希,因为他最重要的贡献在于农业和生物化学——他创立了有机化学,因此被称为"化学之父";他发现了氮对于植物营养的重要性,因此被称为"肥料工业之父"。1840 年他的经典著作《有机化学在农业和生物学上的应用》的发表,标志着现代农业科学系统发展的开始。

　　1803 年,李比希出生于德国达姆施塔特一个经营药物、染料及化学试剂的小商人家庭,家里有许多化学药品。儿童时代,小小的李比希经常自己动手做化学实验,对实验和观察有着浓厚的兴趣。他把父亲店铺后边的厨房,改造成自己的实验室,一有机会就在阁楼上,自己偷偷做雷酸盐的实验。化学药品是非常危险的东西,操作不好就容易发生意外。有一次,在做雷酸汞的实验时,不小心引起了爆炸,震动了整个楼房,屋顶的一角也被炸毁了。所幸的是,李比希本人并没有受伤。原以为父亲会打他,但出人意料的是,对于这件事,父亲并没有责备他,一边收拾残局,一边夸奖他有胆量、有追求精神。每当回忆往事时,李比希都深有感触地说:"童年的化学实验,激发了我的想象力和对化学的热爱;而父亲的鼓励,则是我迈向成功彼岸的一个良好开端。"

　　少年时代的李比希当过药剂师的徒弟,他对当时德国学校正规化、公式化的陈旧教育感到乏味,但却酷爱阅读化学书籍和动手做化学试验。为了梦想,他不远千里到波恩求学,第一个老师是卡斯特纳,给了他对于化学

的启蒙教育。后来,李比希转到埃尔兰根大学学习,并于 1822 年获博士学位,博士论文的题目是《论雷酸汞的成分》。当时中欧处于反动时期,李比希由于持有自由派的观点并积极参与政治活动而被通缉。他不得不离开波恩到了巴黎,在那里得到德国科学界泰斗洪堡的帮助和推荐,到盖吕萨克的实验室工作。

两年的研究中,在探索各种有机化合物的同时,他系统地研究了雷酸盐。找到了防止雷酸盐爆炸的填充剂,发现用烘焙过的苦土与雷酸盐相混合,可以非常有效地防止雷酸盐爆炸。1823 年 6 月 23 日,李比希向科学院报告了他的研究成果,得到了会议主持人洪堡特教授的认可:"您的研究不仅本身具有重要意义,更重要的是这一成果使人们感到,您是一位有杰出才干的人。"

李比希从巴黎回国后担任吉森大学的化学教授,他以极大的热情,尽心竭力投入到有机化学研究和教学中。第一项计划,就是改革德国的传统化学教育体制与教学方式,探索造就新一代化学家的方法。当时德国大学中的化学教育落后于法国,许多德国大学没有化学教授,化学课由医学博士讲授。化学实验教学的条件就更差了,全国只有汤姆逊设立的一处实验室,一些著名化学家的实验室都是私人性质的,只能接受一两名学生做专题研究。

李比希深知,作为一个真正的化学家仅有哲学思辨是不够的,化学知识只有从实验中获得。而这种实验训练,在那时的德国大学中还得不到。于是李比希下决心借鉴国外化学实验室的经验,在吉森建立一个现代化的实验室,让一批又一批的青年人在那里得到训练,从中培养出一代化学家。吉森实验室是一座供化学教学使用的实验室,它向全体学生开放,并在化学实验过程的同时进行讲授。他的实验室可以同时容纳 22 名学生做实验,教室可以供 120 人听讲,讲台的两侧有各种实验设备和仪器,可以方便地为听讲人做各种演示实验。

教授化学是要教授作为科学的化学,而绝不是单纯地传授应用技术。对于只是抱着学习应用技术目的而来的学生,李比希是断然拒绝的;但对为了造福于人类而学习化学知识的学生,则始终是支持的。李比希本人就

是这样的表率。他认为这个问题不能本末倒置。他谆谆告诫学生们,应当首先为祖国和追求真理而努力,然后其余的东西才归属于自己。

李比希为实验室教学编制了一个全新的教学大纲,它规定:开始,学生在学习讲义的同时还要做实验,先使用已知化合物进行定性分析和定量分析,然后从天然物质中提纯和鉴定新化合物以及进行无机合成和有机合成;学完这一课程后,在导师指导下进行独立的研究作为毕业论文项目;最后通过鉴定获得博士学位。这种让学生在实验室中,从系统训练逐步转入独立研究的教学体制,在此之前并未被人们认识到,而他则为近代化学教育体制奠定了基础。在他的精心指导下,培养出了一大批闻名于世的化学家,有为染料化学和染料工业奠定基础的霍夫曼、发现卤代烷和金属钠作用制备烃的武慈、提出苯环状结构学说为有机结构理论奠定坚实基础而被誉为"化学建筑师"的凯库勒,以及被门捷列夫誉为"俄国化学家之父"的沃斯克列先斯基等。

以后的 30 年里,李比希转而研究生物化学和农业化学;即使因健康恶化而退出教学工作后,仍从事力所能及的研究工作。他对"生命的活力是由体内食物氧化产生的能量提供的"观点之建立,起了积极作用。他用实验的方法证明:植物生长需要碳酸、氨、氧化镁、磷、硝酸以及钾、钠和铁的化合物等无机物;人和动物的排泄物只有转变为碳酸、氨和硝酸等才能被植物吸收。这些观点是近代农业化学的基础。

成功的路上,不可能一帆风顺,李比希也有过错误,也有过遗憾——在发现元素溴的前四年,他曾试着把海藻烧成灰,用热水浸泡,再往里面通氯气。他发现,在残渣底部沉淀着一种棕红色的液体。以当时李比希的实验设备和实验技术,完全有条件从这瓶液体中发现新元素溴。但是,李比希根本就没有做认真的化学分析,只是想,这些东西是通了氯气得到的,说明海藻中的碘和氯起了化学反应,生成氯化碘。于是他在瓶子上贴了一个标签,上面写着"氯化碘",然后就把这瓶液体放在柜子里,一放就是四年。

1826 年 8 月 14 日,法国化学家巴拉尔宣布,发现新元素溴这种元素性质介于氯和碘之间,这一发现,震惊了化学界。李比希看到了巴拉尔的报告以后,顿时想起四年前他放到柜子里的那瓶"氯化碘",赶紧翻箱倒柜,找

出了那瓶棕色液体，认真地进行了化学分析，分析结果使他激动又痛心。原来，那瓶棕色液体不含有氯，也不含有碘，更不是他猜测的"氯化碘"，其成分正是巴拉尔发现的新元素溴。如果四年前李比希采取严格的科学态度，认真分析那瓶棕色液体，那么发现元素溴的不是巴拉尔，而将会是李比希。失之交臂，他懊悔极了，恨自己粗心大意，恨自己进行了大半辈子的化学研究，却缺乏严格的科学态度。

为了警诫自己，李比希特别把那瓶棕色液体放在原来的柜子里，并把柜子搬到大厅中，在上面贴上一个工整的字条："错误之柜"。李比希逝世后，学术界对他十分怀念。人们把吉森大学李比希工作过的地方，改为李比希纪念馆，把李比希看成有机化学、生物化学和农业化学的开路人。

逐梦箴言

"不敢正视自己的错误，不会从失败中找寻教训的人，他们的成功之路是遥远的。"李比希作为科学巨人，名震欧洲，然而科学真理是无情的，他在反复的实验中，同样遇到过无数次失败和打击。但他不屈从于权力，也不依附名家的威望，只偏爱实事求是。李比希是第一个主张用化肥代替天然肥料的人，是当之无愧的"农业化学之父"。他也是第一个把错误装在"镜框里"的人，警惕自己，教育学生——因此，李比希更是历史上最伟大的灵魂教育家！

知识链接

巴拉尔

法国化学家。1802 年 9 月 30 日生于埃罗的蒙彼利埃，1876 年 3 月 30 日卒于巴黎。于 1826 年发现了一种性质介于氯和碘之间的物质。开始他认为这是氯和碘两种元素的化合物，便称之为氯化碘，但进一步试验使他相信这是一种新元素，便把它叫作溴。

我的未来不是梦

■ 勇于同大自然夺取真相

很多人认为，对现代中国思想影响最大的外国人，恐怕不是卡尔·马克思，而是英国博物学家查尔斯·达尔文。从小孩到老人，几乎所有中国人都承认进化论的生存法则，都能朗朗说出"发展才是硬道理，落后就要挨打"这样的句子。那么，一生没有踏足过中国的达尔文，他的学说在自己的祖国甚至受到抵制和怀疑，为什么中国人喜欢并接受他？为什么在古今中外著名农业科学家肖像创作工程中，达尔文会名列其中呢？

回顾人类历史进程，农业文明的进步是奠定和推动人类文明的根基；农业发展的历史，始终是建立在科学技术不断创新基础之上的螺旋式发展过程。而上世纪中叶达尔文的杂种优势学说，推动了 20 世纪下半叶农业的高速发展，从而为今天的现代化农业科学推波助澜。

1802 年 2 月 12 日，达尔文出生在英国施鱼斯伯里。祖父和父亲都是当地的名医，祖父曾预示过进化论，但碍于声誉，始终未能公开其信念。家里希望他将来继承祖业。不过达尔文不喜欢医学，偏偏对动物植物特别感兴趣。但父亲不会纵容他，把 16 岁的达尔文送到爱丁堡大学学医。然而达尔文"身在曹营心在汉"，根本无意学医，在医学院就读期间，仍然经常到野外采集动植物标本。

父亲知道后，骂他"游手好闲"、"不务正业"，盛怒之下送他到剑桥大学改学神学，希望他将来成为一个"尊贵的牧师"。达尔文无奈，只好在神学院学习，但并未因此而放弃对动植物的爱好，悄悄观察并继续采集标本。

　　那是 1828 年,伦敦郊外的一片树林里,达尔文围着一棵老树转悠。突然,他发现在将要脱落的树皮下,有虫子在里边蠕动,便急忙剥开树皮,发现两只奇特的甲虫,正急速地向前爬去。达尔文马上左右开弓抓在手里,兴奋地观看起来;正在这时,树皮里又跳出一只甲虫,达尔文措手不及,迅即把手里的甲虫藏到嘴里,伸手又把第三只甲虫抓到。看着这些奇怪的甲虫,达尔文真有点爱不释手,只顾得意地欣赏手中的甲虫,早把嘴里的那只给忘记了。嘴里的那只甲虫憋得受不了啦,便放出一股辛辣的毒汁,把他的舌头蜇得又麻又痛。达尔文这才想起口中的甲虫,张口把它吐到手里。然后,不顾口中的疼痛,得意扬扬地向市内的剑桥大学走去。后来,人们为了纪念他首先发现的这种甲虫,就把它命为"达尔文"。

　　后来,达尔文从剑桥大学毕业,毅然放弃了待遇丰厚的牧师职业,依然热衷于自己的自然科学研究。这年十二月,英国政府组织了"贝格尔号"军舰的环球考察,达尔文经人推荐,以"博物学家"的身份,自费搭船,开始了漫长而又艰苦的环球考察活动。他随身带了几只鸟,为了喂养这些鸟,又在船舱中种了一种叫草芦的草。船舱很暗,只有窗户透射进阳光,达尔文注意到,草的幼苗向窗户的方向弯曲、生长。但后来几十年间,达尔文忙着创建进化论,直到其晚年,才着手进行一系列实验研究向光性的问题,在1880 年出版的《植物的运动力》一书中,总结了这些实验结果。

　　这次环球旅行的经历,对达尔文的一生具有决定意义,改变了他的生活。

　　每到一地,达尔文总要进行认真的考察研究,采访当地的居民,有时请他们当向导,跋山涉水,采集矿物和动植物标本,挖掘生物化石,发现了许多没有记载的新物种。他白天收集谷类岩石标本、动物化石,晚上又忙着记录收集经过。"贝格尔"号停泊在大西洋中佛得角群岛的圣地亚哥岛,水兵们都去考察海水的流向。达尔文便和他的助手背起背包,拿着地质锤,爬到山上去收集岩石标本。在考察过程中,达尔文根据物种的变化,整日思考着一个问题:自然界的奇花异树,人类万物究竟是怎么产生的? 他们为什么会千变万化? 彼此之间有什么联系? 这些问题在脑海里越来越深

我的未来不是梦

刻,逐渐使他对神创论和物种不变论产生了怀疑。

"贝格尔"号到达巴西时,已经是1832年,达尔文上岸考察,向船长提出要攀登南美洲的安第斯山。当他们爬到海拔4 000多米的高山上时,意外地在山顶上发现了贝壳化石。达尔文非常吃惊,心想:"海底的贝壳怎么会跑到高山上了呢?"经过反复思索,他终于明白了地壳升降的道理。脑海中一阵翻腾,达尔文对自己的猜想有了更进一步的认识:"物种不是一成不变的,而是随着客观条件的不同而相应变异!"由此,达尔文逐步摆脱了神创论的束缚,坚定地走上了相信科学和追求真理的道路。

历尽千辛万苦,达尔文又随船横渡太平洋,经过澳大利亚,越过印度洋,绕过好望角,于1836年10月回到英国。在历时5年的环球考察中,积累了大量的资料。回国之后,他一面整理这些资料,一面又深入实践,同时,查阅大量书籍,为生物进化理论寻找根据。1859年11月,经过20多年研究而写成的科学巨著《物种起源》终于出版了。在这部书里,达尔文旗帜鲜明地提出了"进化论"的思想,说明物种是在不断的变化之中,是由低级到高级、由简单到复杂的演变过程。

这部巨著的问世,第一次把生物学建立在完全科学的基础上,以全新的生物进化思想,推翻了"神创论"和物种不变的理论。《物种起源》是达尔文进化论的代表作,标志着进化论的正式确立,他所提出的天择与性择,在目前的生命科学中是一致通用的理论。除了生物学之外,他的理论对人类学、心理学以及哲学来说也相当重要。

然而也因为这部著作,在欧洲乃至整个世界都引起轰动——因为它沉重地打击了神权统治的根基,从反动教会到封建御用文人都狂怒了。他们群起攻之,诬蔑达尔文的学说"亵渎圣灵",触犯"君权神授天理"有失人类尊严。

与此相反,以赫胥黎为代表的进步学者,积极宣传和捍卫达尔文主义。指出:进化论轰开了人们的思想禁锢,启发和教育人们从宗教迷信的束缚下解放出来。紧接着,达尔文又开始他的第二部巨著《动物和植物在家养下的变异》的写作,以不可争辩的事实和严谨的科学论断,进一步阐述他的进化论观点,提出物种的变异和遗传、生物的生存斗争和自然选择的重要论点,

并很快出版。

达尔文"一生中主要的乐趣和唯一的事业,是他的科学著作"。他就是这样一位不畏劳苦沿着陡峭山路攀登的人,到了晚年,尽管心脏病严重,仍坚持科学工作;就在去世前两天,他还抱着重病去记录实验情况。

恩格斯后来将"进化论"列为 19 世纪自然科学的三大发现之一。由于达尔文一生对生物科学做出划时代的贡献,人们将他葬在伦敦威斯敏斯特寺院中堂的北廊,和牛顿葬在同一个地方,以表达对科学家的敬仰之情。

逐梦箴言

作为进化论的奠基人,在同大自然夺取真相的战斗中,没有人比达尔文更具战斗力。马斯·赫胥黎在达尔文的讣告中写道:"他在人们脚步的践踏下,在偏执狂的唾骂声里,在全世界的嘲笑中发现了一个伟大的真理;他在有生之年看到了真理的诞生,他完全是凭借自身的努力,无可辩驳地建立了这项科学理论,并同那些与他具有共同思想的人,须臾不离地站在一起。"敢于追求,敢于面对,敢于迎难而上,才能攀登到辉煌的顶峰!

知识链接

达尔文进化论

19 世纪中叶,达尔文创立了科学的生物进化学说,以自然选择为核心的达尔文进化论,第一次对整个生物界的发生、发展,做出了唯物的、规律性的解释,推翻了神创论等唯心主义形而上学在生物学中的统治地位,使生物学发生了一个革命变革。除了生物学外,他的理论对人类学、心理学及哲学的发展都有不容忽视的影响。进化论是人类历史上第二次重大科学突破。第一次是日心说取代地心说,否定了人类位于宇宙中心的自大情结。

我的未来不是梦

◎ 智慧心语 ◎

如果你想独占真理,真理就要嘲笑你了。

——罗曼·罗兰

农业的要素也就是构成宇宙的要素:水、土、空气和阳光。

——瓦 罗

好比是把真理比作燧石——它受到的敲打越厉害,发射出的光辉就越灿烂。

——马克思

一个人要发现卓有成效的真理,需要千百万个人在失败的探索和悲惨的错误中毁掉自己的生命。

——门捷列夫

乐观是希望的明灯,它指引着你从危险峡谷中步向坦途,使你得到新的生命、新的希望,支持着你的理想永不泯灭。

——达尔文

第四章

勇于实践

○导读○

"不闻不若闻之，闻之不若见之，见之不若知之，知之不若行之"，很多时候，只有身体力行付诸行动，才能发现问题从而解决问题。因为人的思维是否具有客观的真理性，这并不是一个理论的问题，而是一个实践的问题；归根结底，只有实践才是检验真理的唯一标准。山路不像坦途那样匍匐在人们足下，若想攀到最顶端看看远处的风景，必须试着迈出第一步，直到最后一步！

■ 了解事物是求知第一步

2011年9月29日,古今中外著名农业科学家肖像创作工程,在清华大学美术学院师生的精心绘制下顺利完成。共遴选出17位科学家,其中名列第一位的,就是瑞典植物学家、现代生物学分类命名的奠基人林奈。

林奈全名卡尔·冯·林奈,1707年生于有"北欧花园"之称的瑞典斯科讷地区的罗斯胡尔特拉。父亲是一位乡村牧师,对园艺非常爱好,空闲时精心管理着花园里的花草树木。幼时的林奈受父亲的影响,十分喜爱奇花异草,经常将所看到的不认识的植物拿来询问其父,父亲也一一详尽地告诉他。有时林奈问过父亲以后不能全部记住,而出现重复提问的现象,对此,其父则以"不答复问过的问题"来督促林奈加强记忆,使他的记忆力自幼就得到了良好的锻炼,所认识的植物种类也越来越多。

8岁时的林奈得到了"小植物学家"的别名,他为自己开辟了一块空地,整日忙于移植野花野草,在小学和中学,学业不突出,而且由于神学课不及格而升不了学,不得不进皮鞋铺当学徒。但他对植物的兴趣丝毫没有减少,经常解剖小动物,到野外采集植物标本。一位叫罗斯曼的教师看中了林奈的才华和毅力,经常带他到自己家中看书,并给予指导。在罗斯曼老师的鼓励下,林奈终于以优异的成绩考进瑞典隆德城大学,系统地学习博物学及采制生物标本的知识和方法。在校期间,他一分钟也不愿意浪费,充分利用大学的图书馆和植物园进行植物学的学习,三年后成为这所大学颇有名气的植物学教师,从此进入向往已久的动植物研究领域。

1732 年,林奈得到瑞典科学院的资助,独自一个人骑马到瑞典北部的拉帕兰地区考察。那五个月里,他遇到了很多危险,有几次险些丢掉性命,但任何困难也没有阻挡住他的热情,依然继续采集植物标本,其中一百多种是前人没有记载的。

那时候,对生物物种进行科学的分类变得极为迫切。林奈精心研究,首先构想出定义生物属种的原则,并将考察结果整理成《拉帕兰植物志》一书,受到了植物学界的赞誉。18 世纪生物学的进步是和林奈紧紧相连的,瑞典政府为纪念林奈这位杰出的科学家,先后建立了林奈博物馆、林奈植物园等,并于 1917 年成立了瑞典林奈学会。为表彰他的功绩,瑞典科学院特意把当地产的一个植物属命名为"林奈木属"。

林奈一直苦苦求索,希望为人类的发展做出贡献。终于在荷兰取得医学博士学位,结识了一些著名的植物学家,得到了国内所没有的一些植物标本。在欧洲的三年,是林奈一生中最重要的时期——学术思想成熟、初露锋芒的阶段。

法国植物学家维朗特的《花草的结构》一书,给了林奈很大启发,于是在《自然系统》一书中,林奈首先提出以植物的生殖器官进行分类的方法。在林奈以前,由于没有一个统一的命名法则,各国学者都按自己的一套工作方法命名植物,致使植物学研究困难重重。其困难主要表现在三个方面:一是命名上出现的同物异名、异物同名的混乱现象;二是植物学名冗长;三是语言、文字上的隔阂。林奈依雄蕊和雌蕊的类型、大小、数量及相互排列等特征,将植物分为 24 纲、116 目、1 000 多个属和 10 000 多个种。纲、目、属、种的分类概念是林奈的首创。

林奈认为:"知识的第一步,就是要了解事物本身。这意味着对客观事物要具有确切的理解;通过有条理的分类和确切的命名,我们可以区分开认识客观物体……分类和命名是科学的基础。"回到母校乌普萨拉大学任教后,林奈历时七年心血,完成《植物种志》一书,共收集了 5 938 种植物,用他新创立的"双名命名法"对植物进行统一命名。林奈用拉丁文定植物学名,植物的常用名由两部分组成,前者为属名,要求用名词;后者为种名,要

求用形容词。结合命名，林奈规定学名必须简化，以 12 个字为限，这就使资料清楚，便于整理，有利于交流。林奈的植物分类方法和双名制被各国生物学家所接受，植物王国的混乱局面也从此井然有序。

林奈的最大功绩，是把前人的全部动植物知识系统化，摒弃了人为的按时间顺序的分类法，选择了自然分类方法。2007 年，为纪念林奈诞辰 300 周年，瑞典政府将 2007 年定为"林奈年"，活动主题为"创新、求知、科学"，旨在激发青少年对自然科学的兴趣，同时缅怀这位伟大的科学家。

逐梦箴言

林奈创造性地提出双名命名法，可以说达到了"无所不包"的程度，被称为"万有分类法"。之所以取得这些成就，不仅是对植物有特殊感情和好学精神，具有广博的经历以及有利的学习、深造条件等，还在于他重视前人的工作，虚心取人之长并加以发展，在于他拥有勇敢战胜困难的大无畏精神。每个读过生物的学生，无不小心翼翼地维护着双名法的光辉，使得林奈当仁不让地成为分类学之父！

知识链接

植物学

生物学的分支，是研究植物的形态、分类、生理、生态、分布、发生、遗传、进化的科学。主要分科有植物分类学、植物形态学、植物解剖学、植物胚胎学、植物生理学、植物生态学、植物病理学、植物地理学等。目的在于开发、利用、改造和保护植物资源，让植物为人类提供更多的食物、纤维、药物、建筑材料等。早期人类的食、住、衣、药、装饰物、工具等乃至巫术用品无不取自植物。常称亚里士多德的弟子泰奥弗拉斯托斯为植物学创立者。

我的未来不是梦

躬身田畴农为本

知识链接

分类学

　　是生物进化的历史总结,以生物性状差异的程度和亲缘关系的远近为依据,将不同的生物加以分门别类,依次分为:界、门、纲、目、科、属、种 7 个等级。种是生物分类的基本单位。广义分类学就是系统学。狭义分类学特指生物分类学,研究活着的和已灭绝的动植物分类的科学,即研究动物、植物的鉴定、命名和描述,把物种科学地划分到一种等级系统,以此反映对其系统发育的了解情况。

■ 像爱孩子一样热爱甘蓝

蔬菜的营养非常多,吃蔬菜主要是摄取维生素,特别是维生素 C、维生素 E、维生素 A,另外就是蔬菜里有人体需要的纤维素、蛋白质、氨基酸等等。一项统计调查显示,中国人常吃的蔬菜中,除了大白菜、萝卜、辣椒,排在第四位的就是甘蓝。现在中国人的用餐习惯,向来讲究荤素搭配,但若说起中国人的餐桌,不能不提一下甘蓝。

甘蓝是草本植物,俗称"洋白菜、卷心菜",属于蔬菜种类中的十字花科,原产自地中海北岩,适合生长在温和至凉爽的气候环境中。之所以很多人叫它"洋白菜",原因在于起初我国并没有自己的种子,老百姓餐桌上吃到的,都是从日本等国引进来的洋货。后来,农业科学家方智远教授——一位在甘蓝领域奋战了 40 年的老专家,成功培育出 20 个品种的甘蓝,是当之无愧的中国"甘蓝之父"。

1939 年,方智远出生于湖南省衡阳县,是我国著名的蔬菜遗传育种学家,中国工程院院士。1959 年,新中国成立十周年,年仅 20 岁的方智远深刻认识到中国共产党是中国人民的领导核心,他第一次提交了入党申请书。岁月蹉跎,他坚持不懈,在日记中不断勉励自己:"要像雷锋那样写自己的历史,永远保持自己鲜红的颜色";像周总理教导的那样"学到老,改造到老"。

1960 年代的中国,刚刚经历过大跃进的疲惫,落后的农业加上无情的天灾,大部分地区的人民都吃不饱饭。老一辈人常称那个时期为"瓜菜代"、

"低标准"，意思是除了国家供应的口粮外，能吃的东西都吃了，比如农村坡地里的茅草根、各种榆树皮、槐树叶、花生皮、米糠，都是当时的"代食品"。

1964年从武汉大学生物学专业毕业后，摆在方智远面前有两条路：一个是做技术，一个是搞农业。当时，作为我国主要蔬菜作物之一的甘蓝，生产上种植的当家品种大都引自国外。在我国华南地区大部分种植的，都是由国外引进的中熟品种"黄苗"，不仅每年需要花费大量的外汇去购买国外的种子，而且种子的质量和数量总是难以得到保障。1967年，外商却在"黄苗"甘蓝种子上进行刁难：一是提高种子价格；二是降低种子质量。那年春天，华南地区种植的"黄苗"甘蓝未熟抽薹，给广东等地的菜农造成了惨重损失。

面对外商的这种挑衅，年轻的方智远再也沉不住气了："既然别的国家都能拥有自己的甘蓝，中国也不能例外。"这是方智远对自己暗下的决心，也是他最终选择"为农业奋斗终生"的动力，将培育甘蓝定为最重要的课题。

为了快速解决温饱问题，一开始方智远的目标就一个——甘蓝的产量一定要大。要提高产量，那么杂交无疑是最好的选择，他想到可以利用基因重组，把两个或多个优良品种结合在一起，这样杂交种植出的作物优势明显，大概会增产20%以上。

路漫漫其修远兮。在获得首次成功后，方智远又开始了在甘蓝育种领域的新征程。在大量引进国外品种的过程中发现，国外培育的甘蓝杂交一代，不仅比一般常规品种产量高，整齐度好，而且抗病性强。但拥有这项技术亲本的国家对此严格保密，我国不能直接引进利用。要解决这个问题，就必须培育出我国自己的杂种一代品种。

1970年，方智远着手进行甘蓝杂种一代育种的研究。各项试验从整地、播种，到定植、施肥、浇水、授粉等等，他和课题组成员都是倾力而为。北京的春天风沙大，常常沙尘漫天飞，他几乎天天都要在试验地里餐风涉土。尤其是盛夏，头顶烈日，俯下身子，一株一株、一朵花一朵花地给甘蓝进行人工授粉。稍有几天空隙，还要经常奔波于北京郊区及山东、山西、河南、河北等地了解新品种的试验示范情况。辛勤地培育终于获得了丰硕的成

果。1973年，在国内率先利用"自交不亲和系"途径，育成我国第一个甘蓝一代杂种——"京丰一号"，不仅结束了我国甘蓝品种长期靠国外引进的被动局面，而且也提高了我国的甘蓝生产和育种水平，对其他蔬菜作物杂种优势利用研究也起了重要的促进作用。

在收获了第一个甘蓝杂交种后，方智远并没有被喜悦冲昏头脑，他认为"京丰一号"亦存在缺陷，即杂交率很难达到100%，偶尔还是会出现"自花授粉"。于是又投入到新一轮的研制中，陆续育成了适于春秋两季种植的报春、秋丰、双金、元春、庆丰、晚丰6个早中晚期配套的优良品种，解决了甘蓝品种单一、收获过于集中的问题，使甘蓝在我国市场上可以四季常见。

这样的成绩，改变了我国甘蓝长期依靠进口的被动局面。与此同时，实现增产20%～30%。当时的甘蓝不仅产量大，而且"个头"也重。有时一个甘蓝就有七斤重，相当于现在的一个小西瓜，再加上价格又便宜，每棵只需几毛钱，足够一家五六口人吃一个星期，所以销量非常好。人们已经可以明显感觉到，我国的甘蓝从之前的"不够吃"，逐渐发展到后来的"吃不完"。当时全北京城大街小巷的菜摊，到处都堆满了"京丰一号"。有时走在路上，看到行人骑的二八自行车上，前筐和后座都载满了甘蓝，这对于方智远来说，那真是一种自豪的证明，因为——"洋货"彻底变"国货"了！

一分耕耘，一分收获，1985年，方智远的系列新品种荣获国家技术发明一等奖，而他的梦想却未停步，他还想走得更远，为老百姓的餐桌增加更丰富的营养。

当时，我国生产的甘蓝在单位产量上远远超越了进口品种，但紧接着问题又出现了：国产甘蓝的抗病性相比于国外品种稍弱，一些常见病害，比如黑腐病较为严重。这种病会从甘蓝的下部叶片开始，渐渐形成"V"形黄褐色病斑，直至叶脉变黑坏死。黑腐病一度使甘蓝大面积减产，最严重时，一亩地会损失70%的产量。

心急如焚的方智远，经过潜心研究，终于培育出新一代抗病性甘蓝，对"黑腐病"等拥有天然抗体，小家伙们的"体格"日益强壮起来。1990年代，

方智远在原来的基础上，又研究出 6 个"雄性不育"的杂交甘蓝，这种在国内外均属首创的培育方法，不仅弥补了先前杂交率难以达到 100% 的缺陷，且将先前的人工授粉改进为蜜蜂授粉，大大降低了生产成本。这些新品种品质优、抗性强，每亩增加产值约为 200 元人民币。

眼见甘蓝的性状逐步完善，方智远又将研究方向转为"食用口味"与"食用外观"。他认为，东方人与西方人的饮食习惯有很大不同，美国人经常把甘蓝拌沙拉生吃，而在我们中国除了凉拌，更主要的是炒菜。因此适合中国人的甘蓝，应当在过油后口感同样脆爽。此外，过去的家庭模式，通常是一户十来口人的大家庭，大块头的甘蓝因为实惠而颇受青睐。但对于如今的三口之家而言，这样的超大体重就需要减肥了，两斤以下的小家伙既能保证外观精致，又不至于因放得太久吃不完而为保鲜发愁。

目前国际市场上关于甘蓝的竞争日趋激烈，很多新型进口品种正在大肆抢占中国人的餐桌。一些大型跨国公司不但拥有强大的资金优势，更重要的在于，他们的甘蓝有一个明显优势：即便经历长途运输，菜品的外观也不会开裂，口感依然鲜脆。那么如何保证我国的甘蓝也具有这种耐运性，便成为一项重要课题。

对于方智远而言，甘蓝就是他工作的全部重心。平时只要想到新的实验点子，他就会拿着铲子，到大棚里一待就是七八个小时，在时间允许的情况下，还会亲自下乡向农民传授种植技巧。如今全国各地的农村都跑遍了，无论天气多恶劣，方智远也不会在工作上打折扣，总要在农民完全理解种植技巧后，才会起身离开。为此，在他的身上留下了多处晒伤痕迹。

每当看到那些翠绿的甘蓝，方智远就像是看到了自己的孩子，充满热情。他深沉地爱着伟大的祖国，爱着一生为之追求的事业。在有生之年，他为我国农业科研事业的发展，为国家的繁荣昌盛更加勤奋地学习，更加努力地工作，无愧于"甘蓝之父"这个称号。

逐梦箴言

古之成功者,不唯有超世之才,亦必有坚毅不拔之志。"度量宽大,勤学守规",这是初中一年级时班主任老师给方智远的评语,从此也成为他一生的座右铭。"勤学守规"就是要勤奋学习,努力工作,严于律己;"度量宽大"就是要宽厚待人,胸怀民众,胸怀天下……这恰如方智远今天的成功,只要认识到自己的不足,然后抱着极大的热情去不懈努力,一定会取得辉煌的成绩!

知识链接

中国工程院

中国工程院成立于 1994 年,现在拥有 611 名院士,是我国工程技术界的最高荣誉性、咨询性学术机构,由院士组成,对国家重要工程科学与技术问题开展战略研究,提供决策咨询,致力于促进工程科学技术事业的发展。其主要任务是促进全国工程科学技术界的团结与合作,推动我国工程科学技术水平的不断提高,加强工程科学技术队伍和优秀人才的建设与培养,为国民经济的持续发展服务。中国工程院最高权力机构为院士大会,常设主席团,在院士大会闭会期间负责领导工作。

我的未来不是梦

躬身田畴农为本

■ 理论和实践相互修正推动

人类从刀耕火种的远古发展到今天，创造出如此辉煌灿烂的文明，很显然和发明及使用工具是分不开的。"工欲善其事，必先利其器"，早在《齐民要术》一书中，在谈到耕作技术的时候，并没有开篇就直接介绍耕作技术，而是首先提到了耕、耙、耱等重要的农具，可见工具对于农业发展的重要意义。

《齐民要术》是北魏时期贾思勰所著的一部综合性农书，也是世界农学史上最早的专著之一，是中国现存的最完整的农书。书名中的"齐民"，指平民百姓；"要术"则指的是谋生方法。《齐民要术》大约成书于北魏末年，即公元533年—544年，《齐民要术》系统地总结了6世纪以前，黄河中下游地区农牧业生产经验、食品的加工与贮藏、野生植物的利用等，对中国古代农学的发展产生有重大影响。

贾思勰出生在一个书香门第，其祖上就很喜欢读书、学习，尤其重视农业生产技术知识的学习和研究，这样的家庭氛围对贾思勰的一生有很大影响，从而让他爱上农学并致力于为农学奉献毕生的精力和心血。

贾思勰的家境虽然不是很富裕，却拥有大量藏书，使他从小就有机会博览群书，从中汲取各方面的知识，为以后编撰《齐民要术》打下了基础。一有时间，贾思勰就把自己置身于书堆中，遇到不懂的地方，便问父亲；父亲无法解答的疑问，他便跑去问先生；先生也无法解答的时候，他便又抱着书回到家中，继续研究，直到弄通为止。虽然很多问题，在他幼小的年纪里，实在不能一一全部理解通透，但培养了贾思勰善于追求真知的好习惯。

经过不断的学习,成年以后的贾思勰开始走上仕途,曾经做过山东高阳郡太守等官职,因其生活的年代社会动荡、战乱频仍,正值北魏由经济繁荣、社会安定走向经济衰落、政治腐败的时期,故而他深感恢复国民经济、保障人民生活对巩固政权实为必要。因此,他十分注重对农业生产技术和经验的总结。

北魏之前,中国北方处于一种长期的分裂割据局面,一百多年以后,鲜卑族的拓跋氏建立了北魏政权并逐步统一了北方地区,社会秩序由此逐渐稳定,社会经济也随之从屡遭破坏的萧条景象中逐渐恢复过来,得到发展。北魏孝文帝在社会经济方面实施的一系列改革,更是刺激了农业生产的发展,促进了社会经济的进步。尽管如此,当时的农业生产还没有达到很高的水平,有待于得到进一步的发展。贾思勰认为农业科技水平的高低关系到国家是否富强,于是他便萌生了撰写农书的想法。

统治者的励精图治,农业生产的蒸蒸日上,也为贾思勰撰写农书提供了便利的条件。自高阳太守卸任后,贾思勰就开始致力于农学研究,带着铺盖行李,早晨打捆,晚上铺开,风餐露宿,历尽艰险,到过山东、河北、河南等许多地方。每到一地,他都非常重视农业生产,认真考察和研究当地的农业生产技术,向一些具有丰富经验的老农请教,获得了不少农业方面的生产知识。考察归来后,与普通老百姓一样,居家亲自参加农业和畜牧业劳动,积累了丰富的社会实践经验。中年以后,他又回到自己的故乡,开始经营畜牧业,亲自参加农业生产劳动和放牧活动,对农业生产有了亲身体验,掌握了多种农业生产技术。贾思勰不但注重亲身实践,而且善于向经验丰富的老农学习,吸收劳动人民在长期的生产生活中总结出的宝贵经验。

气候和土壤,是影响作物生长的一个重要的自然因素。因此,贾思勰归纳概括了中国黄河中下游的地理特点及气候特征:处于内陆地区;冬冷夏热,四季分明,春季或夏季降雨量稀少,降雨时多为暴雨。鉴于这种独特的气候状况,贾思勰对抗旱保墒(保墒即保持田地里的湿度)方面的问题做了详尽的探讨。经过对高原土壤的特点分析,贾思勰认为其具有天然的优良土质,只要在后天能够得到适当的使用及维护,就可以确保收获丰盛的

我的未来不是梦

农作物。合理适当地维护土地,实际上有着非常丰富的学问,要注意和考虑的问题很多,包括有改造和熟化土壤、保蓄水分、提高地力、作物轮作换茬、绿肥种植翻压、田间井群布局及冬灌等方面,贾思勰都做了周全细致的分析和考察。

对于一些环节之间的巧妙配合及灵活操作、运用方面,贾思勰也做了系统的归纳,并详细说明了每一种耕作方式适用于哪些情况,如何具体操作等。后来都记录在《齐民要术》一书里,指导后世之人更方便更系统地进行农田耕作,同时对于已经耕坏了的土地如何补救和改良,也做了正确的指点。

贾思勰对农学有很高的前瞻性,对于地力的保持和提高更是有独到的见解。中国魏晋以前的农民,主要依靠轮换休闲的办法来恢复提高土壤肥力。这种方法虽然对耕作过后的土地具有一定程度的改良作用,但在提高土地实用率方面不但没有多大优势,相反的,这种休闲的方法实际上是妨碍了土地利用率的提高,浪费了土地的有效资源。那么,有没有一种方法,既能恢复土地的肥力,又能提高土地的利用率? 换一种更直观的说法,就是能不能使土地不经过休闲就能不间断进行生产,而且还可恢复和提高地力?

这种想法看起来似乎矛盾,行之不通。但是,人民群众的智慧是无穷的,人们在劳动的过程当中,总能一边总结经验,一边发现生产中的诀窍,创造出更加行之有效的方法。从汉代开始,连年种植在华北的许多地区已是司空见惯,到了贾思勰生活的北魏时期,民间开始推广实施轮作制,并且出现了多种形式的间作套种方式。贾思勰于是总结了前人的经验,提出了一套完整而又复杂的大田作物的轮作,即“作物轮栽”法。就这样,良好的耕作方法为丰收高产打下了坚实的基础。

播种是种植中一个重要环节。如果没有好的种子,再肥沃的土地也孕育不出丰美的果实;而播种的密度不合理,只能浪费土地资源和肥力,或是导致作物争肥,良莠不齐,从整体上降低生产质量。所以选种是首要的也是关键的任务。前人的书籍记载中,仅有十多种谷物,贾思勰经过长时间

的考察和搜集，又发现了86种谷物品种，并对这些种子的成熟期、植株高度、产量、质量、抗逆性等特性，进行了研究和比较，得出主要粮食作物及经济作物在具体情况下的播种比例，使老百姓种田不但节省了人力，还能得到更大的收成。

贾思勰重农，首先是重视粮食生产。但他又并不把农业生产归结为生产粮食，而是要多种经营。他亲自尝试养殖动物，如牛马驴骡、羊、猪、鸡鹅鸭、鱼等。他对家畜进行长期认真观察，从眼睛、嘴部、眼骨、耳朵、鼻子、脊背、腹部、前腿、膝盖、骨形等方面制定了鉴别标准；对于家畜的饲养，从居住环境、备粮越冬、幼仔饲养、群养与分养、防止野兽侵害等方面进行指导；对于繁殖仔畜，总结出优化物种、提高生产力的重要性，对中国的生物学发展和研究做出了一定的贡献；在家畜疾病防治方面，他还经过千辛万苦，搜集记载了48例兽医处方，涉及外科、内科、传染病、寄生虫病等方面，提出了对病畜要及早发现、预防隔离、注意卫生、积极治疗等主张。其中有的处方具有很高的应用价值，是中国古代畜牧科学的宝贵遗产，在一千四百多年后的今天仍被广泛运用于兽医领域。

贾思勰始终相信，经验来自于实践操作。为更好地造福于百姓，贾思勰还亲自种植蔬菜和果树，总结出栽培果蔬的经验和养桑树养蚕的技术，其中的道理是和科学解释相吻合的。而且在农产品贮藏、加工及酿造方面，经过多年生活积累，得出许多鲜菜冬季贮藏的方法，例如："九月、十月中，于墙南日阳中掘作坑，深四五尺。取杂菜种别布之，一行菜一行土，去坎一尺许便止，以穰厚覆之，得经冬，须即取，粲然与夏菜不殊。"这些知识，让老百姓到了冬天，也有鲜菜可吃，极大地改善了人们的饮食水平。

贾思勰奉献给后世一部百科全书式的著作，完全是为了使农民生活富足，国家增加财政和赋税收入，不但做到了稳产，还促进了国家和社会的发展。中国长期是一个农业国，有十几亿人要吃饭；中国是一个疆域辽阔的大国，每年都有许多地方受灾；我们的国家正在走向世界，而《齐民要术》中有许多东西，都是值得借鉴和学习的。

我的未来不是梦

"成大事不在于力量多少，而在于能坚持多久。"贾思勰不辞劳苦，通过多年勤恳的努力和汗水终于建立了较为完整的农学体系，对以实用为特点的农学类目做出了合理的划分。"实践出真知，唯有行动才能改造命运"，而贾思勰则用理论来推动实践，用实践来修正或补充理论，以毕生心血为弘扬人类文化做出了巨大贡献，不愧为名垂青史的古代农学家！

知识链接

《齐民要术》

全书共九十二篇，分成十卷，正文大约七万字，注释四万多字，共十一万多字；此外，书前还有《自序》和《杂说》各一篇。全书以其精湛的内容和承前启后的伟力，引用前人著作有一百五十多种，记载的农谚有三十多条。全书介绍了农作物、蔬菜和果树的栽培方法，各种经济林木的生产，野生植物的利用，家畜、家禽、鱼、蚕的饲养和疾病的防治，以及农、副、畜产品的加工，酿造和食品加工，以至文具、日用品的生产等等，几乎对所有农业生产活动都做了比较详细的论述，在农学方面具有重大意义。

天生与树木结缘的黑杨之父

2011年2月26日,我国著名的林学家、林木遗传育种学家和林业教育家王明麻院士,获得了2010年度江苏省科学技术突出贡献奖。面对崇高荣誉,这位被称为"中国黑杨之父"的老科学家却平易近人地说:"我只是一个普普通通的科技工作者,杨树让江苏实现木材生产计划从零到650万立方米的突破,这是我们整个科研团队的骄傲。"

生日为3月12日"植树节"的王明麻,似乎天生与树木"有缘"。他长期坚持在苏北农村推广杨树优良品种,开创了平原农区林业快速发展的先河,实现了江苏由木材需求完全依赖外省到木材生产大省的转变。他组建的杨树研究团队,以集成创新推动杨树资源的有效利用和可持续发展,促进了江苏林业快速发展,培育了苏北新的经济增长点,带动了苏北区域发展。

上世纪60年代,王明麻被下放到黄淮平原的大丰、东台务农,当地的环境是"冬天风起,飞沙遮天,春天雨后,碱花连片"。那里土地多盐碱、人穷、树也少,森林覆盖率只有42%。即使有树也是乡土树种刺槐、柳树、桑树、榆树等,这些树大多没有经过改良,遗传品质不好,不但生长慢而且病虫多,经济利用价值不高。由于毁林开荒等原因,生态环境日趋恶化,严重影响了农业生产。接受"再教育"的王明麻,看在眼中,急在心里。他深知治理黄淮平原、发展农业,离不开林业科技的配合,于是集中精力开发和选育杨树优良品种。

王明麻首先对当地的自然条件进行调查研究。黄淮平原地区气候温和,土层深厚,通气性好,地下水位适中,具有适宜发展短周期工业原料人工林的条件。时值 1972 年,中国林业代表团从意大利带回美洲黑杨,分给了南京、北京、武汉三处科研部门培育。当时中国对美洲黑杨的研究还是一个空白,王明麻凭借着对黑杨派树种遗传资源的深入研究和深厚的学术造诣,并广泛查阅大量国内外科技文献,预测到美洲黑杨南方遗传资源对中国黄淮平原的重大潜在价值。他立即利用学校雄厚的学术研究力量,组成精干的队伍,经过两年多的精心培育、繁殖、测定、筛选,对新品种的生长节律、生长量、发枝情况、抗病性、生长要求的温度、湿度等进行测定,选育出适合中国黄淮平原自然条件的四个南方型杨树品种。这些杨树生长快、抗病性强、材质好、经济价值高,一般 10 年左右成材,主干高超过 30 米,胸径达 40 ~ 50 厘米,创造了中国杨树人工林生长的最高纪录,被专家们评价为"中国长得最快的树"。

为了使科研成果尽快转化为生产力,王明麻紧接着又开始了艰苦的推广工作,不倦地宣传实验示范点新品种杨树的生长表现,用事实和样板说服群众,同时举办各种技术培训班,编印通俗易懂的科技资料,对农民进行种植技术的培训。王明麻根据杨树育种目标和亲本特点,创造性地提出了三交的育种策略,迄今共选育出高产美洲黑杨新品种 14 个,分别具备耐干旱瘠薄、扦插和造林成活率高、抗黑斑病、抗低温能力强等优点,适应不同自然环境条件和不同工业需求。经过几个寒暑的努力,南方型杨树新品种终于在黄淮平原大面积试验推广成功。

黑杨南方型无性系的引种和推广,在国内外引起很大反响。国际著名杨树专家在美国杂志上撰文,高度评价了此项成就,王明麻主持的科研成果也先后获得了国家科技进步一等奖、国家"七五"科技攻关重大成果奖。王明麻本人荣获了国务院授予的国家有突出贡献的中青年专家、黄淮农业开发优秀科技工作者称号,并受到国务院的表彰奖励。

目前,黄淮平原高耸挺拔的黑杨多达 5000 平方千米,不仅改变了这一地区树少、树种单调的状况,而且不使农田受台风、龙卷风、干热风、暴雨的

侵害，同时也逐步地改善了黄淮平原的盐碱土质。据资料统计，仅江苏省推广杨树约 5000 平方千米，14 797 万株，每年新增效益 10 多亿元。杨树资源的丰富也带动了当地加工业发展，先后建起杨木加工区多处和大小加工厂上百家，已成为江苏泗阳、沭阳、涟水、灌南、睢宁等县的支柱产业。在平原农区建立如此大规模的森林资源及其加工产业，在国内外也是不多见的。

王明麻还积极开展杨树基因组研究，及抗病育种分子生物学研究，构建了国内密度最高的遗传图谱，并率先开展了杨树遗传图谱比较分析，筛选出 18 个与抗黑斑病相关的候选基因，为国内外首创。多年来，他始终把为百姓谋福利放在第一位，并用自己的科研经费购买苗木，深入基层进行杨树种植推广。他认为良种是农业产业生产链的第一环节，可振兴一方经济，致富一方农民。只要对老百姓有利的事，就去做；只有老百姓得到利益了，他们才会相信科学，工作才会顺利展开，才会有越来越多的人开始种杨树。

"要想富，种杨树。"王明麻开创了平原农区林业快速发展的先河，通过组建林木育种、林木培育、木材加工、林产化工等杨树系列研究团队，发展和延伸了杨树产业链，为促进苏北地区农民增收和区域经济社会发展做出了突出贡献。

躬身田畴农为本

逐梦箴言

"纸上得来终觉浅，绝知此事要躬行。"黑杨之父王明庥院士从书本中走到最艰苦的环境里，凡事都坚持亲力亲为，培育出杨树新品种并加以推广，在平原农区建立大规模的森林资源及其加工产业，为广大老百姓谋福利。享受自己创造的成果，是人生一大乐事，事前花的心血愈多，下的功夫愈大，成功后获得的欢乐就愈多。然而如果没有尝试和实践，就根本不会成功；唯有面对困难和危险，激起更高一层的决心和勇气，才能有机会享受更大成功的喜悦！

知识链接

林 业

林业是指保护生态环境，保持生态平衡，培育和保护森林以取得木材和其他林产品，利用林木的自然特性以发挥防护作用的生产部门，是国民经济的重要组成部分之一。林业在人和生物圈中，通过先进的科学技术和管理手段，从事培育、保护、利用森林资源，充分森林的多种效益，且能持续经营森林资源，促进人口、经济、社会、环境和资源协调发展的基础性产业和社会公益事业。

智慧心语

顺天时,量地利,则用力少而成功多。

——贾思勰

假如我有一些能力的话,我就有义务把它献给祖国。

——林 奈

每一本书是一级小阶梯,我每爬上一级,就更脱离畜生而上升到人类,更接近美好生活的观念,更热爱书籍。

——高尔基

人能尽其才则百事兴,地能尽其利则民食足,物能尽其用则财力丰,货能畅其流则财源裕。

——孙中山

提出一个问题往往比解决一个问题更重要。因为解决问题也许仅是一个数学上或实验上的技能而已,而提出新的问题,却需要有创造性的想象力,而且标志着科学的真正进步。

——爱因斯坦

我的未来不是梦

第五章

团结协作

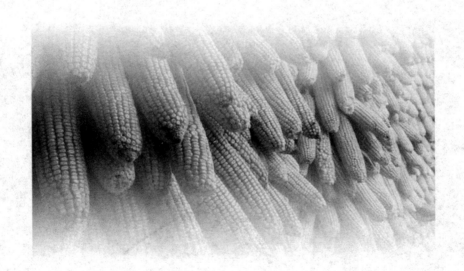

躬身田畴农为本

◎导读◎

　　"青春如果没有亮光,那就像一片沃土,没长庄稼,或者还长满了荒草。"没错,在成长的道路上,一定要做出一些成绩,才无悔于青春。而第一件要做的事,就是融入社会,然后从劳动中不断获得智慧,从行动中逐渐总结思想,从荣誉中感受到集体的力量,再从力量中体会到团结的可贵。"莫学蜘蛛各结网,要学蜜蜂共酿蜜",记住——集体是力量的源泉,众人是智慧的摇篮!

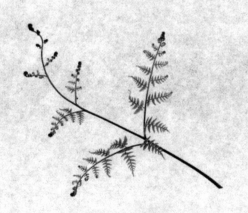

■ 让吃饺子不再是奢侈的事

小麦起源于中东,是世界上总产量第二的粮食作物,仅次于玉米,而稻米则排名第三。小麦富含淀粉、蛋白质、脂肪、矿物质、钙、铁、硫胺素、核黄素、烟酸及维生素A等,而且发酵后还可制成啤酒、酒精、伏特加,或生质燃料,因此备受人们青睐。

如今在我们的一日三餐中,面包、馒头、饼干、蛋糕、面条、油条、油饼、火烧、烧饼、煎饼、水饺、煎饺、包子、馄饨、蛋卷、方便面、馕饼、意式面食、古斯米等面食,占据了很大比例,可以说人们已经司空见惯了。不过在过去很长一段时期内,中国人并不能很轻易吃到面食,像《白毛女》中演唱的那样,很多穷苦百姓家甚至一年到头也见不到面星,只有逢年过节,才狠狠心换来二斤面,包顿饺子吃更是极奢侈的事情了。

面对这种严峻的现状,中国现代小麦科学主要奠基人金善宝,多年来不懈努力,刻苦钻研,终于成功地让中国人的主食由粗粮增加了精白的面粉,让面食不再只是富人的奢侈品,也让吃饺子不再只是过年时的专利。而且作为中国农业科学院院长、中国科学院学部委员的金善宝,还培养了几代农业教育、科研和生产管理人才,为改善中国人的生活质量做出了重大贡献。

1895年7月2日,初夏来到了浙江会稽山,满山苍翠欲滴。金善宝就诞生在会稽山的余脉、四面环山的诸暨县石峡口村。全村三百来户人家。山上桑园、竹林、松林和桃李等各种果树相映;村南紧傍山脚有一条不分昼

夜淙淙欢歌的清溪。

金善宝的父亲是个秀才，在村里教私塾，母亲在家里种桑养蚕。金善宝从6岁开始在父亲的私塾里读书，从小受到家庭的教育和劳动的熏陶，先后读完了《百家姓》《千字文》和"四书"等书。13岁时，父亲病故，家境日趋困难。母亲是一位勤劳、善良、朴实的山村妇女，十里八村有名的养蚕能手。学习的空隙，他经常帮着妈妈上山砍柴，采桑喂蚕，从劳动中他渐渐体会到：一衣一食，来之不易；"谁知盘中餐，粒粒皆辛苦"。这样的家庭境遇，使金善宝较早地懂得了生活的艰辛，深深地体会到旧社会农民的疾苦和农业生产的落后；而劳动实践，又很好地培养了他务农的志趣，从而树立了为改变落后农业而奋斗的决心。

1911年，辛亥革命的浪潮席卷大江南北，震动了会稽山区。金善宝和几位小同学毅然剪去了头上的长辫，离开山村，来到绍兴城，考入由革命党同盟会开办的陆军中学。在陆军中学，他第一次受到了民主革命思想的熏染，初步懂得了一些革命道理。可是不久，这场轰轰烈烈的革命运动失败了。开办陆军中学的革命党人相继遭到北洋军阀的残酷杀害，陆军中学也解散了。刚刚举步这纷乱社会的金善宝，心中感到茫然，第一次认识到大千世界原来是这等的复杂！

母亲为了不挫伤儿子勤学苦读之心，节衣缩食，终日辛勤养蚕，勉强维持他读到中学毕业，希望他能继承父业在学堂里当个教书先生，能够养家糊口。然而，金善宝并不甘心在长知识的青年时代就此止步。他四处奔波，得知南京高等师范农学专修科不收学费，还给学生饭费时，他毅然前往。求知的欲望，农民的饥苦，让金善宝从小就体会到庄稼的丰歉，直接关系着庄户人家的攸关生命。他想，若是能培育出一个好的品种来，庄户人家花同样的劳力和肥料，能够多打一些粮食，少挨些饿，这该多好呢！

母亲终于理解了儿子的雄心壮志，毅然卖掉了积攒两年的蚕丝，并借贷了30块大洋，送儿子踏上了新的征途。功夫不负有心人，1917年金善宝以优异的成绩被南京高等师范农学专修科录取，从此，历经半个多世纪，他呕心沥血，废寝忘食，把全部精力都扑在我国的农业科学事业上来，从未动摇过。

后来，浙江省教育厅公开招考出国留学生，金善宝以高分被录取，获得了去美国深造的机会，他先后在明尼苏达和康乃尔大学攻读植物生理、遗传学等课程。然而，在这个花花世界的金元帝国里，他深深感到贫弱的中华民族受洋人歧视和凌辱的痛苦，在这窒息的气氛中，实在无法让人平静。与此同时，金善宝又感到读学位，对他这个年已35岁的留学生来说，并不适宜，他不能让一篇论文、一个学位占去自己在美国旅居的有限时间。他到美国留学的目的，是要亲自了解国外的农作物育种方法、理论，掌握实际操作技术；最大的愿望是能以自己的学识，为发展祖国农业做贡献，为提高灾难深重的中华民族的生活水平而献身。

抱着这样的爱国之情，金善宝学成后回国，希望用"民以食为天"、"农业是立国之本"这两个观点，造福于人数最多、生活最苦的祖国农民。然而，1937年7月以后，日本侵略者的铁蹄步步向我国内陆腹地逼近，当时在中央大学农学院农艺系任教授的金善宝，被迫随校西迁到重庆沙坪坝。抗日战争胜利后，金善宝荣幸地得到毛泽东的会见。这次难忘的会见，使他从黎明前的黑暗中看到了光明！

新中国成立初期，在重庆沙坪坝境遇十分困难的情况下，由于贫病交加，鬓发皆白的金善宝不止一次昏倒在讲台上，多亏同事们照顾，才逐渐恢复健康。尽管当时体力如此虚弱，他始终没有间断过选育小麦良种的工作。为了发掘祖国小麦种质资源，选优利用，金善宝和同事们从搜集的790多份小麦品种中，经过试种观察、整理和筛选，鉴评出"江东门"、"武进无芒"、"南京赤壳"和"姜堰黄皮"等一批优良地方品种，在生产上推广利用，发挥了增产效益，并撰写了十多万字的专著《实用小麦论》，这是我国第一本既有理论又联系小麦生产实际的农业书籍。上世纪30年代到50年代，它不仅是国内许多大专院校农学专业学生的重要参考书，也是许多有成就的小麦专家、教授启蒙必读的教科书。

金善宝一生潜心于小麦科学研究，从早期育成的"南大2419"、"矮立多"等小麦优良品种，后又发现并定名了我国独有的普通小麦亚种云南小麦；到20世纪60年代初采取"北方春播—高山夏播—南方秋播"方法，实

现一年繁殖两代或三代小麦，大大缩短了小麦新品种选育的时间；再到培育出"京红"和"京春"春小麦新品种等等成就，在丰富和发展我国小麦科学上做出了重要建树。

金善宝一生著述很多，育人无数，主要著作有《中国小麦分类的初步》、《中国小麦区域》、《中国小麦栽培学》、《中国小麦品种志》、《中国小麦生态学》等，其论文已汇编成《金善宝文选》。1997年6月26日，这位功勋卓著的农业科学家永远离开了他热爱的小麦事业，享年102岁。

逐梦箴言

晚年金善宝常说："人生的价值不在于长生不老，而在于顺乎自然和社会的发展。老年人要为新一代着想，让位给新人，新陈代谢在科技界也不例外。"他是这样讲，他的一生也是这样做的。童年的经历让他体会到生活的艰辛，更深切感受到粮食的可贵，因此投身到农业科研领域，希望改善老百姓的饮食质量。他是幸运的，因为他有团结友爱的同事；他成功了——成功就像一座平衡的天平，一边是努力，一边是快乐；付出的多，收获的也多！

知识链接

粮食作物

粮食作物是人类主要的食物来源，以收获成熟果实为目的，经去壳、碾磨等加工程序而成为人类基本食粮的一类作物。主要分为：谷类作物、薯类作物和豆类作物。粮食作物包括小麦、水稻、玉米、燕麦、黑麦、大麦、谷子、高粱和青稞等。其中小麦、水稻和玉米占世界上食物的一半以上，小麦是世界上总产量第二的粮食作物，仅次于玉米，而稻米则排名第三。

经济作物

又称技术作物、工业原料作物,指具有某种特定经济用途的农作物。广义的经济作物还包括蔬菜、瓜果、花卉等园艺作物。按其用途分为:纤维作物(棉花、麻类、蚕桑);油料作物(花生、油菜、芝麻、大豆、向日葵等);糖料作物(甜菜、甘蔗);饮料作物(茶叶、咖啡、可可);嗜好作物(烟叶);药用作物(人参、灵芝、贝母等);热带作物(橡胶、椰子、油棕、剑麻、蛋黄果等)。按所处温度带,还可分为热带、亚热带、温带经济作物。

■ 提示生命的 DNA 双螺旋

1953 年 4 月 25 日,这个本是平常不过的日子,因《自然》杂志上一则短文而变得意义非凡——詹姆斯·沃森与克里克在这篇短文中宣布,他们发现了 DNA 的"双螺旋"结构。这一发现,不但获得了诺贝尔奖的荣耀,更揭开了最伟大的科学革命的序幕:在 DNA 分子美丽的螺旋曲线中,找到了开启科学新纪元的钥匙。

沃森 1928 年生于美国芝加哥,是 20 世纪生物学领域最重要的科学家之一,名列古今中外著名农业科学家肖像工程之列。从小他对周围的事物有浓厚的好奇心,琢磨、研究,从而发现问题、学到知识,甚至会有所发明创造。小时候有一次到吃饭的时间了,可是沃森还没有回家,爸爸出去找他,发现他正一动不动地半蹲在一个鸡蛋上,爸爸很纳闷他为什么会有那样的举动。沃森说:"母鸡是这样孵小鸡的,我想看看自己可以吗。我就拿了一只鸡蛋,估计一会儿就可以孵出来了。"爸爸听了大笑,但他立即意识到自己的态度是错误的,于是首先肯定了沃森的好奇心,然后给他讲清了道理。

沃森有一个口头禅就是"为什么?"很多时候,大人们简单的回答根本不能满足他的要求,有时候,他觉得那些回答甚至是不正确的。于是沃森开始广泛阅读书籍,通过《世界年鉴》记住了大量的知识,因此在参加的一次广播节目比赛中,获得"天才儿童"的称号,而赢得 100 美元的奖励。他并没有用这些钱买普通玩具,而是选购了一个双筒望远镜,专门用它来观察鸟类。善于观察,爱惜动物,这也是他和爸爸的共同爱好,是他长大后走

向科学研究的基础。

由于有异常天赋，沃森15岁时就进入芝加哥大学就读。在大学的学习中，凡是他喜欢的课程都学得非常好，例如《生物学》《动物学》成绩特别突出；而不喜欢的课程就不优秀了，完全不能吸引他的学习兴趣。沃森太喜欢动植物了，甚至曾打算以后读研究生，专门学习如何成为一名"自然历史博物馆"中鸟类馆的馆长。他认为，一个人能从事自己喜欢的职业，那实在是一件最幸福的事情。

在大学高年级时，沃森阅读了一本艾尔文·薛定谔的书《生命是什么》，立刻对控制生命奥秘的基因和染色体产生了深厚的兴趣，很想探索其中的奥秘。当从事噬菌体研究的先驱者S·卢里亚成为他的博士生导师时，沃森终于有了很好的机会来从事这方面的研究。

20世纪40年代末和50年代初，在DNA被确认为遗传物质之后，生物学家们不得不面临着一个难题：DNA应该有什么样的结构，才能担当遗传的重任？它必须能够携带遗传信息，能够自我复制传递遗传信息，能够让遗传信息得到表达以控制细胞活动，并且能够突变并保留突变。这四点缺一不可，那么要如何建构一个DNA分子模型来解释这一切？

当时主要有三个实验室，几乎同时在研究DNA分子模型。第一个实验室是伦敦国王学院的威尔金斯、弗兰克林实验室，他们用X射线衍射法研究DNA的晶体结构。第二个实验室是加州理工学院的大化学家莱纳斯·鲍林实验室。在此之前，鲍林已发现了蛋白质的a螺旋结构。第三个则是个非正式的研究小组，成员是23岁的年轻遗传学家沃森，和比他年长12岁的克里克。

当年完成博士学业后，沃森来到了欧洲。先是在丹麦的哥本哈根工作，后来加入著名的英国剑桥大学的卡文迪什实验室工作。从那时起，沃森知道DNA是揭开生物奥秘的关键。他和克里克从1951年10月开始拼凑模型，由于实验环境和条件都相对艰苦，他们真的是很不容易。而且其他两个实验室对沃森的实验室很敌视，可以说三个实验室间明争暗斗，互相竞争，情势很是紧张。社会舆论对沃森的实验室也不看好，因为他们

既没有威尔金斯那样拥有第一手的实验材料，又不像鲍林那样建有分子模型的丰富经验，若想攻克如此尖端课题，简直比登天还难。

但沃森并没有退缩，因为众多竞争对手中，只有他是遗传学家，其他几位不是物理学家就是化学家，对DNA究竟在细胞中干什么一无所知，更不了解DNA分子在生物细胞中的重要性。可以说前两个实验室，几乎是把DNA当成化合物，而不是遗传物质来研究的。他们不理解DNA的生物学功能，单纯根据晶体衍射图，便有太多的可能性，很难做出正确的模型。

而沃森在到剑桥之前，曾经做过用同位素标记追踪噬体DNA的实验，他坚信DNA为遗传物质，并且理解其应该有什么样的特性。因此几经尝试，终于在1953年3月获得了正确的模型，并详细说明了DNA双螺旋模型对遗传学研究的重大意义：一、它能够说明遗传物质的自我复制。二、它能够说明遗传物质是如何携带遗传信息的。三、它能够说明基因是如何突变的。

DNA双螺旋模型的发现，是20世纪最为重大的科学发现之一，也是生物学历史上唯一可与达尔文进化论相比的最重大发现，它与自然选择一起，统一了生物学的大概念，标志着分子遗传学的诞生。这门综合了遗传学、生物化学、生物物理和信息学，主宰了生物学所有学科研究的新生学科的诞生。

如今，科研人员正是利用DNA的特征，在植物遗传改良上取得了前所未有的成就。例如利用基因工程技术改良作物品质；培育抗虫作物；培育抗病作物；培育抗逆性强的作物；培育抗除草剂作物；生物固氮；调控植物激素和生长发育，等等。

沃森说，科学要踏实而实际。"我对外星生命的理论不感兴趣，对于神和哲学也没兴趣。因为它们过于虚无缥缈。"他之所以会关注DNA，是因为可以"解开遗传密码，可能帮助人们治愈某些疾病"。2006年，他被美国权威期刊《大西洋月刊》评为影响美国的100位人物之一。

逐梦箴言

"多一个铃铛多一声响，多一支蜡烛多一分光。"沃森的成功，不仅来自对科学的爱好和执着，更源自于拥有志同道合的伙伴。共同的事业，共同的追求，共同的疑问和探索，还有共同的压力和斗争，使他和同伴产生忍受一切的力量。在 DNA 分子美丽的螺旋曲线中，沃森骄傲而自豪地找到了开启科学新纪元的钥匙；而在人生这个大舞台上，他也拥有了世间最可贵的友情。"兄弟齐心，其利断金"，这是沃森的成功带给人们的启示。

知识链接

DNA 相关知识

一种长链高分子聚合物，组成单位称为四种脱氧核苷酸，也叫碱基，缩写为 DNA，又称去氧核糖核酸。可组成遗传指令，以引导生物发育与生命机能运作。主要功能是长期性的资讯储存，可比喻为"蓝图"或"食谱"。其中包含的指令，是建构细胞内其他的化合物，如蛋白质与 RNA 所需。带有遗传讯息的 DNA 片段称为基因，其他的 DNA 序列，有些直接以自身构造发挥作用，有些则参与调控遗传讯息的表现。

DNA 是 1944 年美国人埃弗里发现的，1953 年克里克和沃森发现 DNA 的双螺旋线结构图；1985 年莱斯特大学的亚历克·杰弗里斯教授又发明利用 DNA 对人体进行鉴别的办法；DNA 自 1988 年起开始应用在司法方面；1994 年 7 月 29 日，法国法律规定了使用基因标记的条件。

我的未来不是梦

■ 温饱才是百姓的头等大事

　　农业是中华古文明存在和发展的物质基础,历朝历代,上至官府,下至平民,都十分重视农业生产技术经验的总结和推广。正是在这样的文化背景下,中国古代先后出现了很多种类的农业书籍。据《中国农学书录》记载,中国古代农书共有500多种,流传至今的有300多种,其中《齐民要术》、《农桑辑要》、《王祯农书》、《家政全书》和《授时通考》内容最丰,影响最大,称为"五大农书"。

　　元代的《王祯农书》是一部大型的农书,作者王祯是中国古代著名的四大农学家之一,同汉代的氾胜之、后魏的贾思勰、明代的徐光启齐名。

　　王祯字伯善,山东东平人,曾在安徽、江西两省做过地方行政官。他为官勤政,常带着手下人到农村去做实际视察,对农业生产很关心。这部农书是综合了黄河流域旱田耕作和江南水田耕作两方面的生产实际写成的。现在的通行本大约11万字左右,共分三部分:《农桑通诀》、《百谷谱》、《农器图谱》。第三部分占全书的五分之四,是全书重点所在。《王祯农书》在中国农学史上占有极其重要的地位,继承了前人在农学研究上所取得的成果,总结了元朝以前农业生产实践的丰富经验,全面系统地解释了广义农业生产所包括的内容和范围。

　　王祯的家乡,在元初已是封建文人荟萃的地方。早在窝阔台时代,万户严实就曾经在东平"兴学养士",当时的名士,如李昶、王磐、徐士隆、李谦等都曾在东平先后设帐授徒,培养了一批为封建王朝服务的人才,著名的

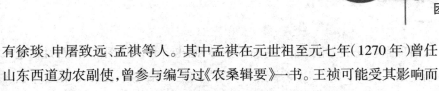

有徐琰、申屠致远、孟祺等人。其中孟祺在元世祖至元七年（1270 年）曾任山东西道劝农副使，曾参与编写过《农桑辑要》一书。王祯可能受其影响而开始接触农学，他在《王祯农书》中曾引用许多《农桑辑要》的资料。

王祯恪尽职守，公正无私，勤勉务实，为民办事。他在旌德县尹任内，为老百姓办过许多好事。他生活俭朴，充分重视知识的重要性，经常将薪俸捐给地方兴办学校。不过王祯也清楚地认识到，凭他一己之力是很难帮助更多人，很难实现宏伟之志，因此号召更多的人加入进来，带动一些有钱人捐款，希望大家团结协作，提高当地老百姓的文化知识。他还鼓励修建桥梁，整修道路，施舍医药，教农民种植、树艺，号召大家互相帮助，共同致富。时人颇有好评，称赞他"惠民有为"。

旌德县多山，耕地大部分是山地。有一年碰上旱灾，眼看禾苗都要旱死，农民心急如焚，最后不得不向上天求雨，但"上天"并不眷顾，一丝雨滴也没有。王祯见到此情此景，更是心焦，但他相信科学，不信上天，希望用自己的所学为百姓解决困难。经多次实地考察，王祯看到旌德县许多河流溪涧有水，想起从家乡东平来旌德县的时候，在路上曾经见过一种水转翻车，可以把水提灌到山地里。当时他觉得那种车很有创意，便留心观察，记下了要领，如今是派上用场的时候了。于是王祯立即开动脑筋，凭记忆画出图样，又召集木工、铁匠进行多次修改，大家齐心协力，终于设计出水转翻车。王祯又赶紧督促工人们连夜制造，带着手下人组织农民抗旱。就这样，水转翻车使旌德县几万亩山地的禾苗得救。

元朝时期，农业生产技术不断提高，生产经验更加丰富，农业生产也有了更大发展。在统一中国的过程中，封建统治者逐渐看到农业生产有利于封建剥削，元世祖忽必烈在位时，开始采取一些发展农业生产的措施，如设置劝农官、建立专管农桑水利的机构司农司，等等，这从一定程度上对农书的编写也产生了推动作用。

王祯继承了传统的"农本"思想，认为国家从中央到地方政府的首要政事就是抓农业生产。无论是在旌德还是永丰任职，王祯劝农工作政绩斐然。所采取的方法是，每年规定农民种植桑树若干株；对麻、禾、黍等作物，

从播种到收获的方法,都一一加以指导;画出各种农具图形,让百姓仿造试制使用。同时,王祯"以身率先于下"、"亲执耒耜,躬务农桑"。在永丰县尹任内,王祯以奖励农业和教育为主要任务,经常购买桑树苗、棉花籽教导农民种植,鼓励他们种好庄稼。旌德、永丰两县民众对他十分敬重,念念不忘。

王祯认为,吃饭是百姓的头等大事。他不仅是廉洁奉公的县官,而且是劝农兴桑、积极发展农业生产的农学家。王祯始终认为,作为地方官,如果不熟悉农业生产,不懂得农业知识,就难尽到劝导农桑的责任。他不仅搜罗以前的历代农书,孜孜研读,而且经常注意观察各地的农事操作和农业机具,从而为撰写农书奠定了坚实基础。

同时,王祯对那些只知鱼肉百姓的贪官污吏进行了无情的抨击:这些人自己都不懂"农作之事","安能劝人",他们常以劝农为借口,前呼后拥地下乡敲诈勒索,名为"爱民",实则害民。他还说,这些当官的只以"骄奢为事",从来不想一想所享用的一寸丝、一口饭都出自"野夫田妇之手";他们却横征暴敛,尽力搜刮民脂民膏来养肥自己,实在是不人道不称职。王祯的一言一行和所想所思所为,充满了对穷苦人民寄予的深切同情。

王祯纵观中国古代农业全局,比较全面和系统地论述了广义农业的内容和范围,包括农事和蚕桑的起源,他都能将所处时代的农业同历史农业联系起来,使元代的农业成为承前启后、继往开来的纽带。王祯还提出"顺天之时、因地之宜、存乎其人"的"三才"指导思想,全面而系统地论述了狭义农业的各个方面,包括农、林、牧、副、渔的内容,都清晰明了,具有一定的客观性和主观能动性。

在《王祯农书》以前,论述农具的书有唐代陆龟蒙的《耒耜经》,其中所介绍的农具以江东犁为主,兼及耙、砺、礰等几种水田耕作农具,没有图。南宋曾之谨的《农器谱》所收的农具,不仅数量不及王祯的"农器图谱"多,而且也没有图。而王祯在自己的《农书》中的"农器图谱"是一大创造。它约占全书篇幅的4/5,插图200多幅,涉及的农具达105种,对它们的发展历史、形制和操作方法都做了详细介绍,特别是对新创制的农具做了大力宣传和推广,这对促进农业生产的发展起到了重要作用。

　　王祯这一创举,不仅让书籍丰富多彩、别开生面,更具有相当重要的历史价值;因此,说他是中国古代举足轻重的农学和农业机械学家,也是当之无愧的。

逐梦箴言

　　"山涧的泉水经过一路曲折,才唱出一支美妙的歌。"古代农学家王祯为官勤政,不与其他贪官污吏同流合污,一心一意为老百姓的温饱问题想办法。他继承了劳动人民的"农本"思想,号召更多善心人士为穷苦的百姓做好事。王祯始终相信"独木不成林",只有"众人拾柴才能火焰高"。无论是在实践中,还是在创作农书的工作中,他都能集思广益,直到为后世留下系统全面的农学著作。脚步怎样才能不断前进?把脚印留在身后!

知识链接

　　《王祯农书》有两种版本,一种是37集本,包括"农桑通诀"6集、"百谷谱"11集、"农器图谱"20集。一种是22卷本,包括"农桑通诀"6卷、"谷谱"4卷、"农器图谱"12卷。两种本子的内容大体相同,只是后者将谷谱由11集并为4卷、将农器图谱由20集并为12卷。全书约13.6万字,插图281幅。《王祯农书》的突出特点有四:一是比较全面系统地论述了广义的农业;二是兼论南北农业;三是有比较完备的"农器图谱";四是在"百谷谱"中对植物性状的描述。

■ 开创微生物农业的新局面

新型微生物农业的崛起，标志着我国新的农业科技革命的到来，它符合生态大农业的发展要求，必将使农业发展走上一条高效和可持续发展之路。邓小平同志曾指出："将来农业问题的出路，最终要由生物工程来解决，要靠尖端技术。"用生物工程解决农业出路，这一科学论断，与当前国内外科技界的论点一致。本世纪生物科技革命的主战场在大农业。开展新农业科技革命，应以生物工程为中心，改革传统农业，创建新型农业。微生物新型农业的开发，是生物工程技术推动农业发展的主要体现。

发展微生物新型农业，由植物、动物资源为主组成的"二维结构"传统农业，调整为植物种植业、动物养殖业和微生物发酵转化业的"三维结构"的新农业，这是一个产业结构健全、资源节约型农业；此外，白色农业是节土、节水型农业，能缓解传统农业"与人争地"、"与人争水"日益尖锐的矛盾。

在这一崭新农业学领域，中国科学院学部委员陈华癸是开创者，他对水旱两作稻田的微生物区系、营养物质的生物循环，进行了开拓性的研究。首次揭示了紫云英根瘤菌是一个独立的互接种族，对紫云英根瘤菌剂的生产和大面积推广应用，起了开创的作用。

提起陈华癸这个名字，很多人都不会陌生，他既是我国著名的土壤微生物学家，也是一位桃李满天下的教育家，还是一名农业哲学家和社会活动家，曾先后三次当选全国人大代表，多次率团出国考察。"恩师给我教育最深的，是让我在枯燥的科研工作中学会了安贫乐道。"2008 年 10 月 2 日

下午,中国科学院院士陈文新在"微生物学科院士论坛"上做报告时,表达了对恩师陈华癸的感激之情。

陈华癸祖籍是江苏省昆山县,1914年出生于北京。他从小天资聪颖,6岁入小学,八年内越级读完了六年制小学和四年制中学课程,被老师和亲戚们誉为"小天才"。也是从那时候起,陈华癸就对植物很感兴趣,学习之余常常跟母亲一起养花,观察植物的生长过程。不过那时候也仅仅是兴趣而已,他自己也没料到,将来会从事最系统正规的植物学研究,并成为具有影响力的农业科学家。

回首自己的成功之路,陈华癸深深地感觉到:身为一名科研工作者,单单凭借一己之力是单薄的,只有大家团结协作,才能探索出全新的有价值的科研成果。他首先感谢的是恩师张景钺,因为正是得到恩师的教导和推荐,才让他从北京大学毕业后,得到赴英国伦敦大学细菌及热带病学院进修的机会。在英国学习期间,他勤奋努力,在著名的洛桑试验站细菌学研究室桑顿博士的指导下,研究豆类-根瘤菌共生固氮作用,并于1939年10月取得哲学博士学位,时年25岁。

陈华癸对根瘤菌有特殊的敏感性,在求学期间就单独和领衔发表了报告四篇,其中两篇在《英国皇家学会会刊》上选登。他对无效(低效)根瘤菌株和有效(高效)根瘤菌株在寄主上结瘤的生长发育比较研究,受到从事共生固氮研究的专家们的高度重视。同时,他还利用洛桑试验站的有利条件,自学了土壤学和土壤植物营养学,打下了与土壤微生物学有关理论的广泛基础。

在整个研究过程中,陈华癸得到众多位老师的指点和同事的协助,时刻感受到团队的力量。从英国进修回来,他有幸在西南联大汤佩松教授主持的清华大学农业研究所从事糖降解研究;后来又到中央农业实验所张乃凤教授主持的土壤系工作。老师们的谆谆教导,再加上他自己的刻苦努力,让陈华癸在细菌学研究领域的道路越来越宽广,兴趣越来越浓厚,信念越来越坚定。

在抗日战争的艰苦岁月里,陈华癸多次做实地调查,详细了解云南、四川、陕西、广西、湖南等地豆科绿肥的生产应用情况,并着重开展了紫云英共生固氮试验研究。他以广西农科所的接种试验为主要依据,首次提出紫

云英根瘤菌是一个具有专一性的独立互接种族,1944 年 5 月在美国《土壤科学》杂志上发表,为以后紫云英根瘤菌人工接种的大面积应用奠定了基础。

中华人民共和国成立后,陈华癸致力于农科大学教育,并创建农业化学系,为华中农业大学的发展做出了积极贡献。他锲而不舍地从事适合中国国情的土壤微生物学研究,在共生固氮作用,以及水稻土微生物与肥力的关系两个领域中做出重要贡献,在国内外土壤微生物界享有较高声誉。在半个多世纪的教学、科研生涯中,陈华癸发表了大量论著。1957 年出版的《土壤微生物学》,是中国在这一领域的第一部专著,被各院校广泛采用为主要参考材料。

50 年代初师资十分不足,业务水平也亟待提高,陈华癸以教育家的眼光,把培养青年教师作为一项十分迫切的任务。辛勤汗水结出了丰硕的果实,数年来他培育了一支学科齐全、学力坚实、结构合理的教学、科研梯队。陈华癸还十分关心兄弟院校的师资和研究生的培养,通过接收进修、开办专业师资培训班、主持编写和翻译专业书籍、文献以及开展学术活动等形式,为兄弟高等农业院校培养了大批骨干教师。他所培养的学生中不少人已成为中国土壤学、农业化学、土壤微生物学的著名教授、高级农艺师和高级领导干部。

早在 1930 年初,植物生长激素的研究尚处于开创阶段,陈华癸首先发现作物根毛被根瘤菌感染之前,发生伸长和弯曲的现象与根瘤菌分泌生长素类物质的作用有关。后来,他对高效根瘤菌和低效根瘤菌形态发育进行了比较研究,阐明了共生固氮有效性机理的一个重要方面。论文发表在《英国皇家学会会刊》上,当时的结论,至 1970 年仍被斯坦尼尔等人著的《微生物世界》和贝杰森的论文及有关教科书所引用。

陈华癸对共生固氮研究的另一贡献,是他在 1941 年与徐明光、张信诚一起,通过人工接种试验,首先发现紫云英根瘤菌和紫云英结瘤共生固氮是一个独立的“互接种族”。论文发表在美国《土壤科学》杂志上。这项发现,不仅丰富了根瘤菌和寄主植物共生结瘤固氮的特异知识,而且在紫云英根瘤菌剂的生产和应用方面,有重要的实践意义。

1950 年代,他领导的研究集体继续从多方面对紫云英根瘤菌共生关系

进行研究,筛选出紫云英根瘤菌的优良菌种,并直接参与了菌肥厂的建设、紫云英根瘤菌剂的生产,以及大面积使用的试验、示范和推广工作,为中国南方稻田紫云英绿肥种植面积的扩大和双季稻的发展,提供了重要的技术手段。他带领同事们开拓了共生固氮研究的新领域,培养与指导新生力量,开展了共生结瘤固氮的分子遗传学研究。

进入 1990 年代,陈华癸虽已年逾古稀,但仍领导着科技人员从事共生结瘤固氮的分子遗传学研究,为祖国的四化大业继续奉献他的聪明和才智,发挥着他的光和热。

逐梦箴言

"能用众力,则无敌于天下矣;能用众智,则无畏于圣人矣。"中国微生物农业的开拓者陈华癸为人直爽,勤奋好学。他不仅思维敏捷,知识渊博,而且治学严谨,诲人不倦,从不盲目地随声附和,又能及时地呼吁科学发展和推广,为中国微生物农业添了浓墨重彩的一笔。他用自己的成功经验告诉世人:人们在一起,可以做出单独一个人所不能做出的事业;智慧+努力+团结,三者结合在一起,几乎是万能的!

知识链接

微生物农业

微生物农业,其含义是指以微生物为主体在生长过程中没有污染,并要求生产环境洁净,保证优势微生物的特定功能。微生物农业科学基础主体是"微生物学",技术基础主要是"生物工程"。它通过优化配置微生物资源,利用微生物的繁殖生产能力,在工厂化条件下生产人类及动植物所需营养品及保健品的新型农业,有"白色农业"之称。工厂化的微生物农业,生产者穿白色工作服,在洁净的厂房里生产,生产非绿色产品,不污染环境,故称为白色农业。

我的未来不是梦

躬身田畴农为本

●智慧心语●

团结就是力量。

——谚 语

一名伟大的球星最突出的能力就是让周围的队友变得更好。

——迈克尔·乔丹

共同的事业,共同的斗争,可以使人们产生忍受一切的力量。

——奥斯特洛夫斯基

我之所以能在科学上成功,最重要的一点就是对科学的热爱,坚持长期探索。

——达尔文

天才并不是自生自长在深林荒野里的怪物,是由可以使天才生长的民众产生、长育出来的,所以没有这种民众,就没有天才。

——鲁迅

第六章

知难而进

◦导读◦

　　"雾气弥漫的清晨,并不意味着是一个阴霾的白天。"困难和挫折是人生之路上不可避免的,其实都是生命给予的最好的东西,只要有勇气凝望它,你就会发现在每个创伤上,都标示着前进的一步。因此,不要被暂时的困难吓倒,必须知难而进;更不要逃避或绕开它们,而是坦然面对它们,同它们打交道,以一种进取的和明智的方式,同它们奋斗到底,直到采撷胜利的果实!

■ 迎难而上何惧顽固的瘟神

自有生命存在的那天起,地球上不知道有多少生灵遭受着病毒的折磨。

据一些史料证明,至少在公元前 2-3 世纪,印度和中国就对病毒有过记载。那些数据无时无刻不在提醒人们,切莫忘记病毒的威胁——二次大战期间,仅欧洲就因牛瘟死亡近亿头牛;19 世纪中叶,"马传贫"病毒开始在全世界 40 多个国家蔓延,并在随后的 130 年间吞噬掉难以计数的马匹;20 世纪 80 年代,艾滋病毒向人类袭来……

病毒犹如魔鬼般肆虐,而人们也在与这个强大的魔鬼进行着不屈不挠的较量和抗争。世界上有无数位科学家为这一场场的搏杀献计献策,其中有一位中国人尤为引人注目。他就是中国工程院院士、著名动物病毒及免疫学家沈荣显。在半个多世纪的科研生涯中,他和他的同事攻克了牛瘟、马传贫等一道道世界难题。

或许他的名字并不为太多普通人所熟知,但在 1998 年初,香港《大公报》、《东方日报》、《文汇报》、《澳门日报》、《中国周报》和境外十余家报纸,都发布了同一条新闻——"中国专家从十分相似的马烈性传染病入手,艾滋病疫苗研究面临突破。"一时间,中国农业科学院哈尔滨兽医研究所牵动了世界的目光,这目光的中心就是年逾古稀的沈荣显院士。而这一年,距离他从事家畜病毒性传染病与免疫学研究之始,已有半个世纪之久。

1923 年,沈荣显出生于辽宁省辽阳县一个普通农民家庭,自幼家境贫寒,父亲常年奔波忙碌,希望能改善家庭条件,但最后的结果依然如故,全

家的温饱问题都难维持。在这样困苦的境况下,父亲清楚地认识到:知识能改变家庭的命运!于是,动员全家人节衣缩食,一定要供沈荣显上学。就这样,肩负着全家人的重托和期待,沈荣显一直在勤奋刻苦地学习,希望有一天能有所建树,给家人创造相对好一些的生活。

大学毕业时已经是 1944 年,沈荣显被分配到沈阳兽疫研究所从事科研工作。然而,国民党当局的腐败统治,沈荣显根本没有用所学报效祖国的机会。为了追求光明,沈荣显毅然参加了革命,并服从组织分配来到了东北兽医研究所工作。此时,新中国诞生的曙光照亮了沈荣显的心田,也让他与动物及动物病毒结下了不解之缘。

在那个年代,科学技术还处在落后时期,而牛瘟则是一个游荡全世界的恐怖幽灵,长期笼罩着我们这个古老的国度。东北农村牛瘟肆虐,大批耕牛接连死亡。西部蒙古牛和本地黄牛发病后死亡率达 50%,东部朝鲜牛病牛死亡率几乎达 100%。沈荣显接到的第一个任务,就是研制牛瘟疫苗,支援解放战争。这个 25 岁的年轻人热血沸腾,"逸豫富贵非吾志,请缨战斗分国忧",他立志用科学击败瘟疫威胁。

当时的疫苗,是用兔子器官制作的,产量极低,对 200 多万头牛来说实在是杯水车薪。沈荣显不为艰苦环境所惧,在一间 18 平方米的小屋里,依靠几支注射器、手工乳钵器和简易显微镜,开始探索提高疫苗产量的新途径,向牛瘟宣战。经过反复试验,1949 年,第一批牛体反应苗研制成功。

初战告捷后,沈荣显和同伴们又研制成功了蒙古牛、普通黄牛注射后可以免疫的山羊化兔化牛瘟疫苗,广泛应用于东北、华北和内蒙古广大农牧地区,有效控制了当地牛瘟的流行。但是,由于山羊化兔化牛瘟疫苗对牛瘟病毒易感的牦牛的毒力较强,不能临床免疫应用于牦牛,为了减弱其毒力,沈荣显和研究人员用绵羊传代 100 代后,培育成绵羊化兔化毒疫苗。

在青藏高原,面临的不仅仅是异常艰苦的环境和恶劣的气候条件,防疫工作的开展也异常困难,他们要徒步跟随牛群,一边通过翻译了解当地情况,一边就地用疫苗防病……防疫工作在不舍昼夜不畏艰险的奔波中迅速推进:第一年,为同仁县 1 万多头牦牛注射了疫苗,获得喜人成功;第二

年,沈荣显领着五支防疫队深入青海其他地区,注射了几十万头牦牛,成效显著;第三年,又在西藏昌都地区免疫牦牛共 300 多万头,随后继续推广应用于整个西藏地区,对牦牛进行了大规模的免疫注射。同时在中印、中尼边境建立了免疫隔离带,有效阻止了国外疫情的传入,越来越多的牦牛从死亡的边缘上被拉回来。

经过不懈的努力,到 1953 年,这场席卷东北华北的牛瘟终于被消灭了。这种猖獗流行的传染病从消灭至今 50 多年仍未复发,是历史上的奇迹。1997 年,巴基斯坦暴发大规模牛瘟,死亡十多万头牛,而相邻的我国西藏、新疆边境安然无恙。据农业部估算,50 年间该疫苗为我国减少经济损失达数十亿元。

仅用三年时间就消灭了建国以后两种人、畜传染病之一的牛瘟,这是我国兽医史上的一项重大业绩。无数次分析、总结,饱尝了"失败、成功、再失败、再成功"的苦辣酸甜,沈老愈挫愈勇。1957 年是沈荣显一生中最难忘的一年,因为毛主席、周总理等党和国家领导人亲切地接见了他,同时还有人们熟悉的华罗庚、钱学森等科学家。

在把梦想变成现实的艰苦又漫长的 60 年中,沈荣显从未停止过与各种病毒的抗争,从未停止过对科学的渴望和坚守,也从未停止过在科学的世界里探求真谛。他把自己奉献给了科学事业,把自己的研究成果奉献给了祖国乃至全世界。他不仅仅是一位坚强的科学家,更是支撑后人走完未来人生之路的"精神脊梁"。

2012 年 6 月 30 日凌晨 3 时 35 分,89 岁的沈荣显院士停止了思考,中国科学界一颗巨星陨落了。斯者已逝,功绩永存。作为动物病毒及免疫学专家,作为慢病毒病疫苗的开拓者,作为中国兽医科学界的第一人——沈荣显的名字注定要被历史铭记。

我的未来不是梦

"顺境的美德是节制,逆境的美德是坚韧,这后一种是较为伟大的德性。"在科学的道路上,沈荣显院士以令人景仰的学术勇气和深入的科学探索,给予世人战胜动物疫情的力量。这种力量,是一种攻坚克难的创新精神,用累累的科研硕果,让世界读懂了中国人的骄傲;这种力量,是一种淡泊名利的低调情怀,在他心里,科学最重,名利最轻。战胜困难,走出困境,成功就会属于你!

知识链接

中国农学会

1917 年由毕业于京师大学堂农科和自日、美等国学农归来的王舜臣、陈嵘等发起并成立于上海,是中国成立最早的、研究农业问题的多学科综合性学术团体。现办事机构设在北京,内分学术、科普、编辑、国际四部,以及办公室、研究室、科技咨询中心等,有 32 个分会 30 万会员。宗旨是团结组织农业科技工作者,促进农业科学技术的繁荣和发展。其渊源可追溯到 1895 年孙中山首创于广州的农学会,和 1896 年梁启超等建立于上海的农务会。

■ 在怀疑中寻找真理的脚步

遗传学有三大著名定律,分别是"连锁与互换定律"、"分离定律"和"自由组合定律"。其中"连锁与互换定律"是美国科学家摩尔根发现的,这一重大发现让他成为美国第一位"诺贝尔生理学及医学奖"得主,并被尊称为"现代实验生物学奠基人"和"遗传学之父"。

那是 1933 年的一天下午,摩尔根正坐在家中院子里看一本当年流行的小说,悠然自得。这时收到了一份电报,说"摩尔根由于对遗传的染色体理论的贡献而被授予诺贝尔奖"。不过,摩尔根并没有到瑞典去出席颁奖仪式,借口是自己工作太忙,因为除了科学讨论会,他不喜欢一本正经地在公众集会中出现;更令人敬佩的是,在得到奖金后,他执意一分为三,自己留下一份,两个实验室的学生每人一份。因为摩尔根认为——荣誉和奖金应该属于大家。

1866 年,托马斯·亨物·摩尔根出生在美国肯塔基州的列克星敦,父母的家族都是当年南方奴隶制时代的豪门贵族。虽然由于南北战争中南方的失败,家境已经败落,父母却希望小摩尔根能够重振家族的雄风。不过小摩尔根生来就是一个"博物学家",对大自然中的一切都充满了好奇心。他最喜欢的游戏就是到野外去捕蝴蝶、捉虫子、掏鸟窝和采集奇形怪状、色彩斑斓的石头;经常趴在地上半天不起来,仔细观察昆虫是如何采食、如何筑巢;有时他还会把捕捉到的虫、鸟带回家去解剖,看看它们身体内部的构造。

用摩尔根自己的学术名词来形容——他其实是家族的"异类",是摩尔根家族中的"突变基因";他不想做祖辈们那样的外交官、律师、军人、议员和政府官员,而非常想成为一名科学家。10岁的时候,在他的再三恳求下,父母终于同意把家中的两个房间给他专用。于是,他动手刷油漆、糊壁纸,按照自己的意愿把两个房间重新装饰一番,然后在里面摆满了自己亲手采集和制作的鸟、鸟蛋、蝴蝶、化石、矿石等各种标本。直到摩尔根逝世后,这两个房间里的摆设还保持着他少年时的原样。

小摩尔根的另一个爱好是看书,特别是那些关于大自然、生物的书。如果没有人叫他吃饭的话,他可以一整天泡在书房里。对知识的热爱,使他在学习上倾注了极大的热情。14岁刚刚过,就成功考入肯塔基州立学院的预科班;两年后,摩尔根顺利地转入了大学本科,选择的是理科,学习数学、物理学、化学、天文学、博物学、农学和应用工程学等。他最感兴趣的博物学贯穿于大学四年的课程之中。

大学毕业时,同学们有的经商,有的从教,有的办农场,有的去了地质队。当时摩尔根的父亲没有固定工作,家境十分窘迫,迫切需要作为长子的他肩负起家庭经济的重担;但此时的摩尔根已经坚定了从事生物学基础研究的理想,在霍普金斯大学攻读博士研究生。这所大学富有特色的教学方法,为摩尔根日后的研究打下了良好的基础,并使他形成了"一切都要经过实验"的信条,他崇信实验结果更胜于权威们的结论。甚至于,摩尔根还怀疑过达尔文的进化论和孟德尔的遗传学说,但实验得出的结果,使他最终信服了上述学说,并使之得到发展和完善。他取得的一系列重要研究成果,几乎都是从实验中得来的。

摩尔根始终保持着对生物学界进展的高度关注,当1900年孟德尔的遗传学研究被重新发现后,不断有遗传学的新消息传到他的耳朵里。后来,许多问题使摩尔根越来越怀疑孟德尔的理论,他曾用白腹黄侧的家鼠与野生型杂交,得到的结果五花八门;怀疑归怀疑,摩尔根依然在自己的实验室里忙碌着。1908年,他开始用黑腹果蝇作为实验材料,研究生物遗传性状中的突变现象。他的实验室被同事戏称为"蝇室",里面除了几张旧桌子外,

就是培养了千千万万只果蝇的几千个牛奶罐。

第一批果蝇被摩尔根"关了禁闭"，他让手下的一名研究生在黑暗的环境里饲养果蝇，希望出现由于果蝇长期不用眼睛，使它们的视力逐渐消失，甚至眼睛萎缩或移位的品种。虽然连续繁殖了69代，始终不见天日的果蝇还是瞪着眼睛。第69代果蝇刚羽化出来时，一时睁不开眼睛，那个研究生兴奋地叫摩尔根过来看。还没等两人为实验成功击掌欢呼，那些果蝇便恢复了常态，大摇大摆地向窗口飞去，留下目瞪口呆的师徒二人。像这样一败涂地的实验，摩尔根做过许多次。经常几十个实验同时进行，不出他所料，许多实验都走入了死胡同。有时摩尔根自嘲说，他搞的实验可以分成三类：第一类是愚蠢的实验，第二类是蠢得要命的实验，还有一类比第二类更蠢的实验。虽然频频失败，但是摩尔根屡败屡战，因为他知道，在科学研究中，只要出现一个有意义的实验，所有付出的劳动就都得到了报偿。

果然，关于果蝇的另一项实验最终轰动了全世界。这批果蝇遭到了摩尔根的"严刑拷打"，使用X光照射、激光照射，用不同的温度，加糖、加盐、加酸、加碱、甚至不让果蝇睡觉。各种手段都使用了，目的是诱发果蝇发生突变。一晃两年过去了，1910年摩尔根的一位朋友来拜访他，摩尔根面对实验室中一排排的果蝇实验瓶，略带伤感地慨叹："两年的辛苦白费了。过去两年我一直在喂果蝇，但是一无所获。"有时希望总在绝望的时候诞生，1910年5月，摩尔根夫人发现了一只奇特的雄蝇，它的眼睛不像同胞姊妹那样是红色，而是白的。这显然是个突变体，注定会成为科学史上最著名的昆虫。摩尔根极为珍惜这只果蝇，将它装在瓶子里，睡觉时放在身旁，白天又带回实验室。它这样养精蓄锐，终于同一只正常的红眼雌蝇交配以后才死去，留下了突变基因，以后繁衍成一个大家系。

这个家系的子一代全是红眼的，显然红对白来说，表现为显性，正合孟德尔的实验结果，摩尔根不觉暗暗地吃了一惊。他又使子一代交配，结果发现了子二代中的红、白果蝇的比例正好是3∶1，这也是孟德尔的研究结果，于是摩尔根对孟德尔更加佩服了。摩尔根决心沿着这条线索追下去，看看动物到底是怎样遗传的。他进一步观察，发现子二代的白眼果蝇全是

雄性,这说明性状(白)的性别(雄)的因子是连锁在一起的,而细胞分裂时,染色体先由一变二,可见能够遗传性状、性别的基因就在染色体上,它通过细胞分裂一代代地传下去。

染色体就是基因的载体!摩尔根还推算出了各种基因的染色体上的位置,并画出了果蝇的4对染色体上的基因所排列的位置图。基因学说从此诞生了——男女性别之谜也终于被揭开了。从此遗传学结束了空想时代,重大发现接踵而至,并成为20世纪最为活跃的研究领域。

这是遗传学上第一次理论综合,在胚胎学和进化论之间架设了遗传学桥梁,推动了细胞学的发展,并促使生物学研究从细胞水平向分子水平过渡,以及遗传学向生物学其他学科的渗透,为生物学实现新的大综合奠定了基础。此外,摩尔根还荣获英国皇家学会授予的达尔文奖章和科普勒奖章;其作品涉及生物学的几个重要领域,主要有《进化与适应》、《实验胚胎学》和《胚胎学与遗传学》、《基因论》等,在现代农业科学研究中,也起到了举足轻重的作用。

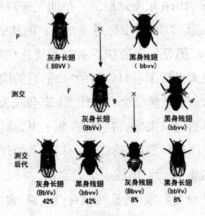

雌果蝇的连锁交换遗传

逐梦箴言

"困难与折磨对于人来说，是一把打向坯料的锤，打掉的应是脆弱的铁屑，锻成的将是锋利的钢刀。"摩尔根在遗传学领域不断钻研，终于在怀疑中发现新的线索，聆听到真理的声音。对于这样一位伟大的科学家，最好的纪念是将果蝇染色体图中基因之间的单位距离命名为"摩尔根"，让他的名字作为基因研究的一个单位——长存于世！摩尔根的成功之旅正如一次航行，途中遇到从各个方面袭来的劲风，然而每一阵风都令他加快航速，幸运的是他掌握航舵，从未偏离航向！

知识链接

连锁与互换定律

基因的连锁与互换规律的定义为：生殖细胞形成过程中，位于同一染色体上的基因是连锁在一起，作为一个单位进行传递，称为连锁律。在生殖细胞形成时，一对同源染色体上的不同对等位基因之间可以发生交换，称为交换律或互换律。连锁和互换是生物界的普遍现象，也是造成生物多样性的重要原因之一。一般而言，两对等位基因相距越远，发生交换的机会越大，即交换率越高；反之，相距越近，交换率越低。因此，交换率可用来反映同一染色体上两个基因之间的相对距离。以基因重组率为1%时，两个基因间的距离记作1厘摩。

我的未来不是梦

■ 尽心竭力做植物的好医生

　　新中国成立初期,蝗虫对农业生产的危害还非常严重,在成灾的时期,飞蝗成群结队,蔽日遮天,所到之处禾苗青草都被一扫而光。国家每年动用大量的人力物力进行防治,均不奏效,真可谓"蝗虫一来人心惶恐",却又无能为力。1951 年 9 月,中国昆虫学会在京举行第一届代表大会,提出"要解决我国几亿人的吃饭问题,首先要消灭蝗虫,三年时间,行不行?"

　　那时候中国科学院也刚刚成立,实验生物研究所昆虫研究室正在筹建昆虫学各分支学科的实验室,曾留学荷兰、美国并获阿姆斯特丹大学理科博士学位的钦俊德,任昆虫生理室的负责人。当时真是一无人手二无设备,条件相当困难,对蝗虫的防治有些心有余而力不足。但钦俊德没有被贫乏的现实条件吓倒,全力投入到了除蝗的战斗中。

　　说起钦俊德与昆虫的缘分,和"十年寒窗无人问,一举成名天下知"的历程,还要从童年的点点滴滴开始讲起:1916 年,他生于浙江省湖州市安吉城郊钦家。父亲将他取名"俊德",是希望他长大了能够发扬祖先的美德。钦俊德家乡风光旖旎,童年生活与家乡有割不断的牵连,瑰丽的民间传说和风景秀丽的山水丛林里,从小就养成了喜爱大自然的感情。钦俊德家门口的菜园子里还有许多李子树和老梅树,小时候他常在树下玩耍。有一天,钦俊德拿着一把菜刀在菜地里挖野菜,一不小心,将自己的一个大拇指切断了,鲜血直流,疼爱他的祖母赶来一把抱住他大哭。钦俊德却显得很勇敢,反而劝她不要哭,因为这是自己不小心造成的。

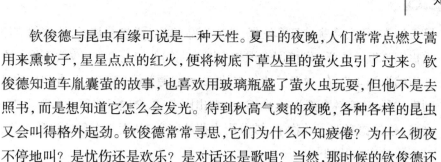

　　钦俊德与昆虫有缘可说是一种天性。夏日的夜晚，人们常常点燃艾蒿用来熏蚊子，星星点点的红火，便将树底下草丛里的萤火虫引了过来。钦俊德知道车胤囊萤的故事，也喜欢用玻璃瓶盛了萤火虫玩耍，但他不是去照书，而是想知道它怎么会发光。待到秋高气爽的夜晚，各种各样的昆虫又会叫得格外起劲。钦俊德常常寻思，它们为什么不知疲倦？为什么彻夜不停地叫？是忧伤还是欢乐？是对话还是歌唱？当然，那时候的钦俊德还得不到准确的答案。

　　蚕乃天生之虫，钦家每年都要养几张子的蚕，钦俊德也喜欢模仿大人养蚕。可以说，钦俊德从小就生活在被昆虫包围的世界里，与许多昆虫有着深厚的感情；但是钦俊德对蚊虫很厌恶，他的弟弟钦俊义死于疟疾，据说是疟蚊传染的。随着年龄的增长，钦俊德才逐步了解充塞世界的昆虫，有的依附人类而生存，专门搞破坏活动；有的为人类的生存而创造有利的条件，或提供有益的因素，是人类的好朋友。

　　钦俊德的父亲是个私塾教师，能书会画，对他有一定的影响。小学时，不管哪位老师翻开作业本无不赞许，他写字一笔一画，端正秀丽，一丝不苟，绝无连笔潦草之处。他不但学习十分认真，并且爱好整洁美观，这些习惯一直保持着，对以后从事研究工作，是非常适合和需要的。后来父亲病故，家境更不宽裕，当时在外地上学大都系富家子弟，西装革履摆着阔气，钦俊德则是勤俭节约发奋读书，家境的清寒让他明白求学的不易，所以更加珍惜学习时间，专心学习，中学阶段门门学科成绩优秀。

　　1935 年家乡闹饥荒，钦俊德家里种的十几亩水稻也歉收，这年钦俊德高中毕业，家里再也无力负担他上大学，他便留在嘉兴秀州中学执教一年。由于热爱大自然，对动植物有兴趣，钦俊德便教初中的动物学和植物学，这也成为他与生物学结缘的开始。钦俊德并没有满足现状，边教书边学习，第二年成功考取了浙江大学生物系，不过最后还是因为学费问题，转学到可以获得奖学金的苏州东吴大学，终于有了进一步学习生物学的机会。

　　谁知，命运总是波折不断，1937 年抗日战争爆发后，学校被迫解散，钦俊德只得暂时回到家乡避难。在战火纷飞的情况下，他依然没有忘记采集

我的未来不是梦

昆虫标本,几次险些被日军发现,造成生命危险。学校复校后,钦俊德克服重重困难继续求学,发愤用知识救中国。期间他博览群书,孜孜不倦地在知识的海洋里遨游,通读了达尔文的《物种起源》等经典著作。直到抗战胜利后,国民政府教育部举行了一次公费出国考试,全国录取留欧美学生200多名,钦俊德考取了动物学,被分配去荷兰留学,从而为今后的科研工作,打下了扎实的基础……

新中国成立后,钦俊德响应周恩来总理号召,归国参加社会主义新中国的建设。有人劝他说:"你别傻,国内哪有美国的条件好,在国内根本没有发挥你的特长的可能;再说他们对知识分子的政策还不明朗。"钦俊德厉声回答:"我不傻,才回祖国。"他冲破重重阻力,与首批归国的科学家一起横渡太平洋,于1951年2月回到祖国。

那时候,新中国的蝗灾还很严重,钦俊德深知蝗虫给人类社会造成的灾难,早在我国历史上已经屡见不鲜,历代死于蝗灾的人竟多于战争。钦俊德立刻投入到工作中来,以根除蝗虫为己任,勇挑重担,夜以继日地撰写《昆虫的世界》、《昆虫的鸣声》、《怎样研究昆虫》等科普读物,又尽快译出库兹涅佐夫的《昆虫生理基础》等经典著作,以便培养研究人员,开创了我国第一个昆虫生理研究室,为根除蝗虫做了充足的准备。

然而,蝗虫是很难根除的。蝗虫铺天盖地而来,消灭了这群又飞来那群,它吃光了这批田,又去吃那批田,来得快吃得快,除不胜除。古代徐光启对蝗虫也有研究,他在查阅了大量文献和考察了蝗情多发地区之后,曾经准确地指出蝗虫发生在湖水涨落幅度很大的干涸沼泽,因为杂草丛生的沼泽地,能在水稻还没有起来之前为蝗虫提供丰富的食料。顺着前人的指点,钦俊德带领昆虫生理研究人员到泽湖重点考察,掌握了飞蝗的防治办法,先后写出专论十多篇,取得了飞蝗的发生、数量以及对改造蝗区,根治蝗害等方面的第一手资料。在钦俊德的努力下,随着措施的逐步实现,1960年代我国境内的蝗虫已经得到了有效控制,人们不再"谈蝗色变"了。

钦俊德并未因为成绩而停步不前,接着他选定对水稻、棉花等棉粮作

物危害最大的害虫为重点,进行研究和防治。他毫不计较个人的荣辱,满腔热情地研究棉铃虫和黏虫的特性,写出了关于它们的食性和营养特点的一系列论文,为预测和防治提供了理论依据。同时,还两次接受解放军军事医学科学院的委托,研究了跳蚤和蚊子的生理生化,找到了敌投带菌昆虫的快速鉴别方法,为反细菌战做出了巨大的贡献。

上世纪 70 年代末,中国迎来了科学的春天,科学技术工作受到了全党全国人民前所未有的重视和关怀。钦俊德这年 60 岁,两鬓布满银丝,但是再次焕发出青春的活力,投入到对害虫生物防治的研究工作中。当时我国北方棉蚜虫对棉花的为害十分猖獗。蚜虫是一种细小的昆虫,专门密集地叮在植物的嫩枝叶腋和叶背吸取液汁,使棉花、小麦、高粱、桃树等作物生长不良,造成严重减产。钦俊德看到行人穿着打了许多补丁的衣服,就觉得自己有责任治灭棉蚜虫,使棉花的产量尽快得到提高,使全国人民能穿上不打补丁的衣服。

蚜虫有种致命的天敌,便是七星瓢虫。七星瓢虫专门以蚜虫作为食料,但是自然界里的七星瓢虫发生的时间和数量每年不同,满足不了防治棉蚜虫的需要。因此,钦俊德认为,解决人工饲养和大量繁殖棉蚜虫的天敌七星瓢虫问题,是当务之急。钦俊德知道这是很难解决的课题,但是凭着他在昆虫食性和营养生理方面多年研究的实践经验,决心知难而上,以顽强的毅力坚持不懈,连续 14 个年头,七星瓢虫的研究终于宣告成功!

七星瓢虫的大量培养和释放,使棉蚜虫得到有效控制,确保了棉田增产。1952 年,全国棉花的产量为 215.8 万吨,1984 年增长了 1.8 倍,将近翻两番。虽然其中也有科学种植的其他因素,但制服棉蚜虫危害是主要原因之一。

钦俊德对七星瓢虫的研究在国际上居领先地位;之后他又成功用赤眼蜂对付猖獗的松毛虫,当时因为松毛虫,我国每年要损失木材 500 到 700 万立方米。数十年来,钦俊德默默工作在除灭农作物害虫的科研战线,成果累累,得到国内外科学界的赞扬,为中国及至全世界做出了巨大的贡献。

　　"上天给人一份困难时,同时也给人一份智慧。"钦俊德的一生风风雨雨经历过很多波折,但是他不顾个人的得与失,没有被贫乏的现实条件吓倒,全力投入到除蝗的战斗中,为老百姓解决了最大的苦恼,也为中国农业解决了最头疼的问题。天空虽有乌云,但在乌云的上面,永远会有最明媚的太阳在照耀。因此请切记——最困难最艰苦的时候,也就是离成功不远的时候!

知识链接

昆 虫

　　昆虫是动物界中无脊椎动物的节肢动物门昆虫纲的动物,所有生物中种类及数量最多的一群,是世界上最繁盛的动物,已发现 100 多万种。其基本特点是体躯三段头、胸、腹,两对翅膀三对足;一对触角头上生,骨骼包在体外部;一生形态多变化,遍布全球旺家族。昆虫的构造有异于脊椎动物,它们的身体并没有内骨骼的支持,外裹一层由几丁质构成的壳。这层壳会分节以利于运动,犹如骑士的甲胄。昆虫在生态圈中扮演着很重要的角色。虫媒花需要得到昆虫的帮助,才能传播花粉。而蜜蜂采集的蜂蜜,也是人们喜欢的食品之一。

对人民有利的才最具价值

"对一个团体或个人做出评价，要看这个团体或个人所开创和从事的事业，是否对人民有利，后继有人，不断地兴旺发达，而不是靠树碑立传。传是会被人遗忘，甚至被人改写的，碑是会受到风蚀，甚至倒塌的。唯有对人民有利，不断兴旺发达的事业，可与日月同辉，永放光芒。"这段话，是我国核农学创始人徐冠仁的至理名言，曾经影响和激励了很多人。

徐冠仁是我国著名作物遗传育种学家、原子能农学家。他首先将高粱细胞质雄性不育系引入我国，培育出第一个高粱不育系和"原新 1 号"等优良组合，为我国高粱杂种优势利用做出重要贡献；倡导辐射诱发与杂交相结合，在多种作物上选育出用于大面积生产的新品种，使我国辐射育种技术走在世界前列；提倡利用湖泊水面悬浮栽培水稻等作物研究，初见成效。

1914 年，徐冠仁出生于江苏省南通县一个教师家庭，因家境清贫，8 岁才入学。但他学习刻苦努力，自幼受到父亲的耳濡目染，对知识有强烈的热爱和追求。在学校期间，门门功课都非常优秀，更重要的一点是，他不仅喜爱读书，还喜欢大自然，经常随母亲去田间耕作，时不时问一些母亲也解释不太清楚的农业问题。每当这时，母亲就会摸着他的小脑袋，无比期待地说："将来好好读书，给妈妈讲一讲这些农业知识吧。"小冠仁便用力地点头，暗暗立下勤奋求学的誓言。

16 岁时，徐冠仁顺利升入南通学院农科，后转入国立中央大学农艺系，获得学士学位。整个学习期间，他的成绩依然是名列前茅，得到校方和老

师的认可,因此留校任教并从事水稻遗传研究。小时候与母亲的谈话经常在眼前浮现,唯一不同的是,那时候他还不确定将来怎么做,而如今终于找到了方向,要为中国的农业发展做贡献,让老百姓过上丰衣足食的生活。

机会,总是留给有准备的人的。由于徐冠仁的勤奋努力和突出表现,获得了明尼苏达大学的奖学金赴美留学,主攻遗传学,辅修植物学。这次留学机会为他打开了眼界,开阔了视野,对杂交种优势方面提出了新的观点,引起美国农学界的关注。随后,被推荐为美国西格马赛科学荣誉学会会员,留在明尼苏达大学农学及植物遗传学系当研究员,从事小麦遗传育种研究。第二次世界大战后,原子能和平利用引起世界各国的高度重视,徐冠仁采用热中子和 X 射线处理小麦种子,得到抗秆锈病突变体,为抗病育种指出了新的途径,受到国际育种界的重视,其论文刊登在《第一届国际原子能和平利用会议论文集》。他的名字,被列入联合国 1954 年印发的《世界小麦育种家和育种站名录》中。

但是,国外的条件再优越,也不能让徐冠仁有归属感,他的心在中国,他的根在中国,他时刻期待回到祖国的怀抱,为新中国的发展尽微薄之力。很多亲朋好友极力劝服他,希望他为自己的前途三思而后行。但徐冠仁回国心切,怀着报效祖国、为人民服务的满腔热情,毅然放弃美国的一切,与夫人和孩子回到祖国。

徐冠仁回国后把全部精力投在工作上,致力于开创中国原子能在农业上的应用研究和推动中国农业现代化的发展。1956 年 9 月 6 日,他建议"在中国农业科学院建立原子能农业应用实验室",得到了党和国家有关部门和领导的重视,很快就决定由他负责筹建中国农业科学院原子能利用研究室。

当时国际上原子能和平利用刚刚起步,中国在这一领域还是个空白,既没有人才,又没有资料,更没有设备,真可算是"白手起家"。但他不畏困难,从有关单位借聘来 7 位专家一起,发挥集体的智慧,积极投入筹建工作。没有实验室,就把几间平房改建成放射性实验室和物理测量室。经过不到一年的时间,克服了重重困难,于 1957 年 9 月,中国第一个原子能农业应

用研究机构——中国农业科学院原子能利用研究室正式诞生。从此,他边建设边培养人才边开展工作,先后举办了五期原子能农业应用培训班,培养出 300 多名专业技术骨干。

徐冠仁还在北京农业大学讲授辐射育种课程;亲自主持辐射遗传育种研究课题,并指导北京农业大学、中国科学院遗传研究所青年研究人员开展辐射诱变育种工作,获得了小麦抗秆锈病、洋麻抗炭疽病、高粱矮秆、棉花、小黑麦早熟突变体等。在他的倡导下,1979 年成立了中国原子能农学会,并创办了《原子能农业实用》期刊。现在该刊已扩展为《核农学报》、《核农学能报》两个学术刊物。目前,全国有 27 个省、市、自治区先后建立了原子能农业应用研究机构和学会,形成了核农学研究和学术交流密切配合的两个体系,这在国外也是少有的。中国的辐射育种与辐照保鲜,已经取得显著的经济效益和社会效益,在国际上处于先进行列,受到了联合国粮农组织、国际原子能机构和各国同行专家的重视。

作为一位农业科学家,徐冠仁利用从美国带回来的高粱雄性不育系、保持系和恢复系材料,向青年研究人员讲授应用"三系"配套生产杂种的有关理论和方法,并成功地育成了中国第一个杂交高粱。为了尽快地在生产上推广应用,他亲自到农业部种子局落实杂交高粱的示范推广试验,并得到种子局领导的大力支持。为了开辟新糖源,他主持"粮糖兼用杂交高粱育种研究"。从收集国内外甜秆高粱种质资源入手,到引进国外甜高粱不育系,为开创中国粮糖兼用杂交高粱的利用研究做出了重要贡献。

后来,徐冠仁又向国家科委提出,充分利用中国广大水面资源发展水上种植业的新建议,得到国家科委、农业部和浙江省政府的支持和资助,在杭州中国水稻所开展"水上种稻、种菜"的试验研究,并取得了初步的可喜成果。该项研究现在正扩大试验和深入探讨之中,旨在将水上种植与水下养殖相结合,陆地生产与水域生产相配合,以充分利用自然资源。

徐冠仁为中国核农学事业的创立与发展呕心沥血,做出了重要贡献。他已年逾古稀,本可安度晚年,但他仍精神饱满地孜孜于农业科学事业。他的开拓性业绩已载入《国际杰出领导大词典》,并授予他杰出领导奖牌。

"知前人所已知，识时人所未知，为后人导新航，乃科学家之本色。"这是原子能农学家徐冠仁说过的话。他不仅自己勤学，更讲求团结与献身精神，白手起家为中国培养了大量的科研人才。没有播种，何来收获？没有辛劳，何来成功？没有磨难，何来荣耀？没有挫折，何来辉煌？徐冠仁的成功经验诠释了一个真理：只要将知识的力量、团结的力量，再加上献身的精神集于一起，将无往而不胜！

知识链接

核农学

核农学是研究核素、核射线及有关核技术，在农业科学研究和农业生产中的应用及其基础理论的一门学科。它是介于核科学与农业科学间的一门边缘学科，它的主要研究领域是：辐射遗传和育种学、放射生物学、辐照保藏技术、示踪原子应用等，其应用领域不断扩大，并已取得显著成绩。我国核农学的创始人是徐冠仁博士。

中国原子能农学会

成立于 1979 年，是全国原子能科学技术农业应用（核农学）工作者自愿组织的学术性团体，主要目的为加强我国核农学科技工作者间学术交流，促进我国核农学事业的发展。中国原子能农学会接受主管部门农业部、社团管理机关及民政部的业务指导和管理。1994 年 5 月，中国原子能农学会正式注册登记为全国性学术团体，挂靠在中国农业科学院农产品加工（原子能利用）研究所。

● 智慧心语 ●

千磨万击还坚劲,任尔东西南北风。

—— 郑板桥

农为四民之本,食居八政之先,丰歉无常,当有储蓄。

—— 陆 游

一切真正美好的东西都是从斗争和牺牲中获得的,而美好的将来也要以同样的方法来获取。

—— 车尔尼雪夫斯基

卓越的人一大优点是:在不利与艰难的遭遇里百折不挠。

—— 贝多芬

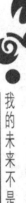

钢是在烈火和急剧冷却里锻炼出来的,所以才能坚硬和什么也不怕。我们的一代也是这样在斗争中和可怕的考验中锻炼出来的,学习了不在生活面前屈服。

—— 奥斯特洛夫斯基

我的未来不是梦

第七章

坚定信念

躬身田畴农为本

○导读○

　　信念是成功的一大要素，它灿如晨星，虽然永远不能触摸到，但我们可像航海者一样，借星光的位置而航行。一个有信念者所开发出的力量，远远大于99个只有兴趣的人；而由百折不挠的信念所支持的意志，比那些似乎是无敌的物质力量具有更大的威力。因此，给自己树立一个强大的信念，相信吧，含泪播种的人一定会有含笑的收获；相信吧，只要在门上敲得够久、够大声，终会把沉睡的希望唤醒！

■ 颠沛流离始终信念不移

以前的秋收季节,农民都是用手把玉米一个个掰下来,再运回家里,然后全家围坐在院子里,或者给玉米剥皮,或者摆放成玉米垛子晾水分。而如今,农业机械化程度非常高,很多地方开始使用玉米收割机,自动完成收割、脱皮,从机器里出来的则是黄澄澄的玉米粒。

农业机械化的发展,一方面是农业科技的进步,另一方面也是为了适应农村劳动力的减少、劳动人口老龄化等问题。秋粮占我国全年粮食产量的 2/3,在农村劳动力大量转移、各种自然灾害偏重发生的情况下,我国粮食能够实现"八连增",很重要的一点就是农业机械化发挥了重要支撑作用。而提到农业机械化,就必须要说一说我国著名农业机械设计制造专家陈秉聪院士。

陈秉聪是中国农业工程学家、拖拉机专家、教育家,是我国地面车辆学术领域和汽车、拖拉机专业教育的开拓者。他开创了我国"仿生软地面行走机械"新领域,并奠定了该领域的理论基础,为我国水田机械化和农业机械化做出了重大贡献。

1921 年,陈秉聪出生于山东省黄县仲家集一个四世同堂的书香门第。大祖父是清朝末年的文秀才,在村里开办一所小学供十里八乡子弟读书,对一般贫困家庭免收学费;他的祖父是武秀才,在龙口市区经商,供养家人生活。陈秉聪的父亲是留日归国的博士医生,因此家庭物质很是殷实。

正如他的名字一样,陈秉聪自幼聪颖过人,且勤奋好学兴趣广泛,童年

就读于该村第一模范小学,初中毕业后考入青岛市礼贤高中。这是一所由德国人办的教会学校,以教学严格著称,教师大部分是留德归来的。陈秉聪在这里虽然只读了一年书,却在各方面尤其是德语方面,打下了很扎实的基础,使他学到的许多内容至今不忘。

"七七"事变爆发后,日军侵占华北大片土地,青岛也陷入一片混乱。陈秉聪带领几个堂兄弟经洛阳赴西安,考入迁至西安的北京师大附中。当日寇逼近西安时,陈秉聪又随校集体徒步迁移至陕西城固,一路上翻山越岭、历尽艰辛,目睹了日本侵略者对祖国的残酷蹂躏,激励了一个热血青年的爱国之情。陈秉聪立志完成学业,刻苦钻研科学知识,以挽救处在水深火热中的祖国。

这个时期的学习和生活都很苦,并与家庭断绝音讯。学校虽然是一所实力雄厚的名牌学府,名教授多,设备又比较齐全,但生活条件很差,挤住在当地天主教堂的统仓式房子里,依靠政府发给微薄的所谓"贷金"维持吃饭,穿着草鞋上课;晚上点的是用通心草为捻的菜油灯,黄豆大的火光若明若暗。在这样恶劣的生活条件下,出于抗日救国的坚强意志,陈秉聪依然勤奋地攻读。

进入大学时,陈秉聪年仅18岁,是当时全班最年轻的一个。大学是人生的一个转折点,是一个青年充实自己的第一个阶段,也是最重要的阶段。陈秉聪牢记"少壮不努力,老大徒伤悲"的古训,认真听讲,开动脑筋,积极思考,从不盲从。有一次做微积分习题,由于他采取了另外解法,受到助教的质疑,当陈秉聪做了说明后,又受到助教的夸奖和鼓励。这样的经历促进了他博览课外读物、拓展知识面的信心。

大学毕业后,陈秉聪获机械工程学士学位,又于1948年在美国获得硕士学位,为今后的事业打下了坚实的基础。凭他当时的条件,完全有资格留在美国就业,并且已有学校答应为他提供奖学金;但陈秉聪毅然返回祖国,决心为祖国航空事业的振兴而贡献自己的力量。可是,回国工作不久,国民党的贪污和腐化让他非常失望,他的理想完全化为泡影了……

几经颠沛流离,直到新中国成立,科学的春天降临神州大地,陈秉聪终于迎来大展宏图的机会,他的心前所未有地激动!

纵观中国的松软土壤,不仅有水田,还有沼泽、滩涂、河滩、沙漠等等,

这些地带不仅在农业发展上具有开垦的价值,而且大多数是中国蕴藏石油的宝地。然而,这些地带的车辆通过性问题,一直是国内外地面车辆界没有解决的技术难题。陈秉聪凭借多年的科研实践分析,要解决这样一个难题,靠常规的轮胎或履带潜力是不大的,必须以"非常规行走机构"来实现。

就这样,陈秉聪经过无数次研究,终于发明了"半步行水田轮"。他再接再厉,在此基础上,又相继进行了"叶片垂直入土的水田轮"和"步行机耕船"的研究。为了解决"半步行轮"在硬路面上行驶的振动问题,他又开始"可转换式半步行轮"的研究,以及仿牛马行走的"步行车辆"的研究等。其中,由他领导的课题组研究发明的腿可伸缩的"机械传动式步行轮",不仅具有原"半步行轮"的优点,而且从根本上解决了硬路面上"半步行轮"行驶的振动问题;在水田和松软地面的牵引效率比常规行走机构提高10%左右,具有广泛的应用前景;1987年该发明分别获长春市科技发明金奖,第三届全国发明展览会银奖,加拿大蒙特利尔国际发明展览会金奖。为解决我国水田及松软土壤的行走机构提供了可能。

陈秉聪还积极参加筹建长春汽车拖拉机学院的工作,为新中国汽车、拖拉机专业培育了几代专业技术人才。当时生活条件非常艰苦,学校只能供给他家的吃住和穿衣,每天教课之余还要挑水、劈柴,玉米和小米是这里的主食。但是大家都一样过着艰苦生活,心也一样火热,陈秉聪感觉到自己的所学大有作为,他愿意为祖国科学教育事业献身。因此,不论白天还是晚上都拼命地干,筹备初期什么都短缺,从设备到师资到教材到授课,他都要亲力亲为。1953年,苏联援助中国在长春建立第一汽车制造厂,陈秉聪成功输送了第一批国内自己培养的汽车专业人才,现都已成为中国汽车工业的骨干。

陈秉聪在科学上取得的卓越成就,使他在国内外农机工程及地面车辆技术界享有很高的声望。几十年来,他发表的有关农机、拖拉机、教育改革方面论文百余篇,他在国内首次编著的《拖拉机理论》,一直是1960年代中国高等农机院校的通用教材。这些开创性工作影响很深,使他成为我国拖拉机专业当之无愧的创始人,深受同行科技工作者的尊敬和爱戴。

"文化大革命"期间,陈秉聪受到抄家、批斗等巨大冲击,被打成"反动学

术权威",下放到吉林省最穷困的乾安县农村插队落户,但他仍以向前看的态度和乐观的精神,相信党相信群众,度过了三年的农村生活,直到最后冤案得以平反。政治上的解放又唤起了他从未泯灭的事业激情,他又积极投入教学科研工作中。党的十一届三中全会后,中国实行改革开放的政策与国际间的交往日益增多,他以自己的学术威望,为吉林工业大学打开了国际交往之门。

1996年,在北京召开了第十二届世界国际地面车辆系统学术会议,成功地把我国的研究成果展现在世界面前。虽然如今陈秉聪院士离开了我们,但他为机械化农业做出的贡献,世世代代铭刻在中国的土地上。

逐梦箴言

"人,只要有一种信念,有所追求,什么艰苦都能忍受,什么环境也都能适应。"陈秉聪院士一生曾经颠沛流离受尽折磨,但他始终抱有一个坚定的信念,那就是"知识救国",为中国农业尽绵薄之力。信念坚定的人是一刻也不会迷失方向的,他的精神将冲破炼狱的烈焰,直奔充满阳光的广阔天地。陈秉聪院士为中国农业实现机械化所做的巨大贡献,更激发了中国人生生不息的勇气和力量!

知识链接

农业机械化

是指在农业各部门中,最大限度地使用各种机械代替手工工具进行生产。是农业现代化的基本内容之一。如在种植业中,使用拖拉机、播种机、收割机、动力排灌机、机动车辆等进行土地翻耕、播种、收割、灌溉、田间管理、运输等各项作业,使全部生产过程主要依靠机械动力和电力,而不是依靠人力、畜力来完成。实现农业机械化,可以节省劳动力,减轻劳动强度,提高农业劳动生产率,增强克服自然灾害的能力。在社会主义条件下,它还是城乡协作、工农联盟的重要物质基础。

从豌豆中寻找遗传规律

中国农业科学院古今中外著名农业科学家肖像中，奥地利遗传学家孟德尔位列其中。因为他对遗传规律和基因学说的提出，导致现代作物育种学的诞生，因此被誉为"现代遗传学之父"，举世公认他对社会、对人类及至对农业的发展，均有重大影响。

1822 年 7 月 20 日，孟德尔出生在奥地利西里西亚海因策道夫村一个贫寒的农民家庭，父亲和母亲都是园艺家。童年时，因受到园艺学和农学知识的熏陶，他对植物的生长和开花非常感兴趣，长大后考入奥尔米茨大学哲学院，主攻古典哲学，但他还学习了数学。学校需要教师，当地的教会看到孟德尔勤奋好学，就派他到首都维也纳大学去念书。

大学毕业以后，21 岁的孟德尔进了布隆城奥古斯汀修道院，并在当地教会办的一所中学教自然科学。由于他总是专心备课，认真教课，所以很受学生的欢迎。后来，他又到维也纳大学深造，受到相当系统和严格的科学教育和训练，也受到几位杰出科学家们的影响，如多普勒，孟德尔为他当物理学演示助手；如依汀豪生，他是一位数学家和物理学家；还有恩格尔，他是细胞理论发展中的一位重要人物，但是由于否定植物物种的稳定性而受到教士们的攻击。这些老师，为孟德尔后来的科学实践打下了坚实的基础。经过长期思索，孟德尔充分认识到，理解那些使遗传性状代代恒定的机制更为重要。

几年后，从维也纳大学回到布鲁恩，孟德尔就开始了长达 8 年的豌豆

我的未来不是梦

实验。那时候，达尔文进化论刚刚问世，孟德尔仔细研读了达尔文的著作，从中吸收丰富的营养。保存至今的孟德尔遗物之中，有好几本达尔文的著作，上面还留着孟德尔的手批，足见他对达尔文及其著作的关注。

于是，在捷克第二大城市布尔诺南郊的农民们发现，布尔诺修道院里来了个奇怪的修道士。这个"没事找事"的怪人在修道院后面开垦出一块豌豆田，终日用木棍、树枝和绳子把四处蔓延的豌豆苗支撑起来，让它们保持"直立的姿势"，他甚至还小心翼翼地驱赶传播花粉的蝴蝶和甲虫。这个怪人就是孟德尔。在其他修道士眼中，孟德尔的样子是使人过目不忘的："头大，稍胖，戴着大礼帽，短裤外套着长靴，走起路晃晃荡荡，却有着透过金边眼镜凝视世界的眼神。"

在豌豆实验中，孟德尔首先从许多种子商那里弄来了 34 个品种的豌豆，从中挑选出 22 个品种用于实验。它们都具有某种可以相互区分的稳定性状，例如高茎或矮茎、圆粒或皱粒、灰色种皮或白色种皮等。通过人工培植这些豌豆，对不同代的豌豆的性状和数目进行细致入微的观察、计数和分析。运用这样的实验方法，需要极大的耐心和严谨的态度。孟德尔酷爱自己的研究工作，经常指着豌豆向前来参观的客人自豪地说："这些都是我的儿女！"

起初，孟德尔做这个豌豆实验，并不是有意为探索遗传规律而进行的，他的初衷是希望获得优良品种。然而在试验的过程中，孟德尔发现了一些有趣的变化，才逐步把重点转向了探索遗传规律。除了豌豆以外，他还对其他植物做了大量的类似研究，其中包括玉米、紫罗兰和紫茉莉等，以期证明他发现的遗传规律对大多数植物都是适用的。

从生物的整体形式和行为中很难观察并发现遗传规律，而从个别性状中却容易观察，这也是科学界长期困惑的原因。孟德尔不仅考察生物的整体，更着眼于生物的个别性状，这是他与前辈生物学家的重要区别之一。孟德尔选择的实验材料，也是非常科学的。因为豌豆属于具有稳定品种的自花授粉植物，容易栽种，容易逐一分离计数，这对于他发现遗传规律提供了有利的条件。

　　孟德尔非常清楚，自己的发现具有划时代意义，但他还是慎重地重复实验了多年，以期更加臻于完善。八个寒暑的辛勤劳作，孟德尔终于确定了生物遗传的基本规律，并得到相应的数学关系式。1865 年在布鲁恩科学协会的会议厅，他将自己的研究成果分两次宣读。第一次，与会者礼貌而兴致勃勃地听完报告，孟德尔只简单地介绍了试验的目的、方法和过程，为时一小时的报告就使听众如坠入云雾中。

　　第二次，孟德尔着重根据实验数据进行了深入的理论证明。可是，伟大的孟德尔思维和实验太超前了，尽管与会者绝大多数是布鲁恩自然科学协会的会员，其中既有化学家、地质学家和生物学家，也有生物学专业的植物学家、藻类学家，然而，听众对连篇累牍的数字和繁复枯燥的论证毫无兴趣。他们实在跟不上孟德尔的思维！因此，孟德尔用心血浇灌的豌豆所告诉他的秘密，时人不能与之共识，竟然一直被埋没了 30 余年之久！

　　除了进行植物杂交实验之外，孟德尔还从事过植物嫁接和养蜂等方面的研究。此外，他还进行了长期的气象观测，生前是维也纳动植物学会会员，并且是布鲁恩自然科学研究协会和奥地利气象学会的创始人之一。

　　虽然豌豆成果被埋没了数十年，但孟德尔晚年曾经充满信心地说："看吧，我的时代来到了。"这句话成为伟大的预言。直到孟德尔逝世 16 年后，豌豆实验论文正式出版后 34 年，他从事豌豆试验后 43 年，预言才变成现实。

　　随着 20 世纪雄鸡的第一声啼鸣，来自三个国家的三位学者同时独立地"重新发现"孟德尔遗传定律。1900 年，成为遗传学史乃至生物科学史上划时代的一年。从此，遗传学进入了孟德尔时代。人们分别称他的发现为"孟德尔定律"，它们揭示了生物遗传奥秘的基本规律。

　　今天，通过摩尔根、艾弗里、赫尔希和沃森等数代科学家的研究，已经使生物遗传机制——这个令孟德尔魂牵梦绕的问题，建立在遗传物质DNA的基础之上。随着科学家破译了遗传密码，人们对遗传机制有了更深刻的认识。现在，人们已经开始向控制遗传机制、防治遗传疾病、合成生命等方向前进，以更大地造福于人类。

我的未来不是梦

逐梦箴言

　　孟德尔揭示遗传基本规律的过程表明,任何一项科学研究成果的取得,不仅需要坚韧的意志和持之以恒的探索精神,还需要严谨求实的科学态度和正确的研究方法;任何一门学科的形成与发展,总是同当时热衷于这门科学研究的杰出人物紧密相关。孟德尔揭示出遗传学的两个基本定律——分离定律和自由组合定律,作为"遗传学之父",他犹如一盏明灯,照亮了近代遗传学发展的前途。人们永远也不会忘记圣托马斯修道院那个献身于科学的修道士,他的名字叫——孟德尔!

知识链接

孟德尔第一定律

　　在生物体的细胞中,控制同一性状的遗传因子成对存在,不相融合;在形成配子时,成对的遗传因子发生分离,分离后的遗传因子分别进入不同的配子中,随配子遗传给后代。也叫作分离定律。

孟德尔第二定律

　　控制不同性状的遗传因子的分离和组合是互不干扰的;在形成配子时,决定同一性状的成对遗传因子彼此分离,决定不同性状的遗传因子自由组合。因此也叫作自由组合定律。

女科学家成就最靓丽风景

2011 年 12 月 2 日,第八届"中国青年女科学家"颁奖典礼在京举行。全国人大常委会副委员长、全国妇联主席陈至立出席典礼并为获奖者颁奖;中国科协常务副主席、书记处第一书记陈希说,女性是科技人才队伍中的一道靓丽风景,以其踏实的作风、聪颖的头脑、敏锐的直觉、良好的协作,在科技领域中不断崭露头角、取得突破,发挥着越来越重要的作用,受到社会各界的广泛关注和普遍认可。

本次颁奖典礼,来自全国六所高校、四家科研院所的十位青年女科学家脱颖而出,华中农业大学动物科技学院赵书红教授喜获该项殊荣。

传统观点一般认为,科研领域是男性的天下,尤其是农业,但是赵书红认为相比于男性来说,女性更加耐心、细致、认真、坚韧,也更容易与团队成员沟通合作,所以在从事科学研究方面,女性还是有很多优势的。但是由于生理和家庭上的原因,女性的科研成果可能获取的时间稍微晚一点,她希望社会能给女性科研工作者更多的机会,放宽在申请项目、评奖等方面对她们的年龄限制。"从社会到个人都需要在认识上有一点改变。我认为女性的贡献还是非常大的。"赵书红教授这么说,她也用自己的经历给这句话做了最好的注脚。

赵书红出生于河北农村,童年时期的食物非常匮乏,让她从小就立志从事农业方面的研究,在提高粮食或者肉的产量方面做出自己的贡献。不过考大学时,她并没有进入心仪的粮食专业,反而被分配到畜牧专业,这让

我的未来不是梦

她一度很沮丧。因为在大多数人眼中，畜牧专业需要和动物打交道，需要到猪场去工作，每天跟丑陋又肮脏的动物混在一起，那样恶劣的条件，根本不适合年轻漂亮又爱干净的女生。

后来，在老师和学长的引导下，赵书红逐渐从沮丧中走出来，认识到各行各业都有广阔的天地，只要做个勇敢攀登的人，就没有战胜不了的困难，没有创造不了的奇迹。于是，心态放平了，对畜牧专业的兴趣也日渐深厚了，实习的时候，她主动要求跟饲养员一起在猪场工作，她相信"科学研究的立项就是要结合实际"，才能发现更多问题。正因为这种不怕脏不怕累的精神，让赵书红在学业上取得了突出的成绩，成为当时班上唯一攻读硕士学位的女生。

当然，面对赵书红的这种执着，也有亲朋好友和同学同事，劝说希望她换个专业换个环境，做一个体面点的工作。有的人甚至说，再这样与那些丑陋的猪为伍，将来找对象都成问题。但赵书红不为所动，她知道猪肉是人们生活中离不开的一种动物蛋白食品，在养猪生产和科研中，人们一直希望猪长得瘦肉多、病少、成本低。而她作为一名科学工作者，有责任帮助人们实现这个愿望，因此，她继续攻读博士学位，进而出国深造。

赵书红的研究方向是针对不同品种的猪，发掘影响其产肉、抗病等性状的基因。在实现养猪优选优育这一目标的过程中，以数量遗传学为指导的常规选种与改良技术，起到了重要作用。但其选种的准确性毕竟有限，重要性状遗传上的每代提高量不大，世代周转与改良速度慢，选种费用高，往往需要几代人、几十年的工作才能育成一个优良品种。若能利用新的分子改良技术，并与常规数量改良技术相结合，定能加快重要性状的改良速度，并大大降低选种与育种费用。将来甚至可能在猪宝宝刚一出生的时候，就可能通过分子技术，帮助人们决定哪一头猪值得留种。赵书红所做的研究，正是为这个目标而努力。

赵书红团队的工作场所，兼顾实验室与种猪场。研究流程通常是：首先从种猪场不同品种的猪体内采集组织样本，同时记录它们的产肉性能等指标；然后，在实验室里，通过先进的分子生物学技术分析猪的基因变异和

功能,及对表现型的效应;一旦这些基因影响猪的产肉性能、抗病力等的作用得到验证,就可以在育种中将这些基因素材与传统育种方法相结合,作为育种公司判断个体优劣、筛选、保留优良种猪时的依据,从而提高选择种猪的准确性,并可大大缩短选种所需的时间。

赵书红是猪分子生物学与育种领域的一位专家,着力于将前沿生命科学理论与技术,应用到解决我国猪遗传育种中的重大科学问题中。为了攻克一道道难题,她没有节假日,常年奋斗在实验室,在猪基因学育种研究领域开展了卓有成效的研究工作。她先后主持和承担了"国家自然科学基金"、"863"、国家转基因重大专项,国际合作等科研项目20余项课题。在国内外重要刊物发表研究论文109篇;在猪骨骼肌生长发育调控机制等研究领域取得了具有国际影响的科研成果,获得了较大的经济效益和社会效益。

赵书红不仅是第八届中国青年女科学家获奖者,还是第十二届中国青年科技奖得主,同时也是国家杰出青年科学基金获得者。她努力拼搏,刻苦钻研,为改善人们的生活条件做出了不可磨灭的贡献。

逐梦箴言

"如果你有志做一件事的话,就要有兴趣有梦想,并能够一直坚持下去。"这是赵书红的人生信念,她始终将"学高为师,德高为范"作为自己的座右铭,爱岗敬业,关爱学生,甘为人梯。从教20年来,她严谨治学,教书育人;为人师表;她学风严谨,学术思想活跃,富有创新精神;她默默地耕耘在科学的原野、学生的心田,孜孜不倦地追求着自己的理想,谱写了绚丽的人生赞歌!

我的未来不是梦

躬身田畴农为本

五畜之一的猪

　　五畜在农区指牛、犬、羊、猪、鸡五种畜类。在牧区则把牛、马、绵羊、山羊、骆驼称为草原五畜。猪属于杂食类哺乳动物。身体肥壮，四肢短小，鼻子口吻较长，性温驯，适应力强，繁殖快，体毛有黑、白、酱红或黑白花等色。平均寿命20年。在十二生肖里猪列末位，称之为亥。

　　猪的历史要追溯到四千万年前，可能来自欧洲和亚洲。野猪首先在中国新石器时代被驯化；商周时代发明了阉猪技术；汉代养猪食用也为积肥；魏晋南北朝时期采取舍饲与放牧相结合的饲养方式；隋唐时成为农民增加收益的重要手段；元代在扩大猪饲料来源方面有很多创造；明代正德十四年（1519），因"猪"与皇帝朱姓同音，被令禁养；正德以后养猪业又很快获得发展。

■ 燃烧着自己照亮了他人

　　小麦是主要粮食作物之一,我国尤以冬小麦为主。在过去很长一段时期,如何令冬小麦高产,是科学家们长期研究的课题。而中国著名小麦专家余松烈经过多年刻苦钻研,首创了"冬小麦精播高产栽培理论和技术",大大改变了"大肥大水大播量"的常规栽培方法,为中国黄淮麦区小麦高产开创了新途径。

　　余松烈在农业教育战线上耕耘了 50 年。他曾先后主讲过生物统计学、生物统计与田间试验技术、作物遗传育种学、作物栽培学、作物生理学、作物高产的理论与实践等课程。他十分重视教材建设,主编了中国高等农业院校统编教材《作物栽培学》、《田间试验方法》、《冬小麦的栽培》等。他不辞辛劳认真备课,讲课时理论联系实际,旁征博引,内容充实,听课者无不留下深刻的印象。

　　余松烈治学严谨,注重理论与实践相结合。在担任系主任期间,与其他系领导一起积极探索"科学、科研、生产"三结合的办学路子,取得显著社会效益,并为农学系获国家级优秀成果奖和国家教育成果特等奖奠定了基础。

　　他一向注意让学生多接触科学实验和生产实践,以提高其钻研能力和指导生产的本领。1997 年 5 月,余松烈带领他指导的 13 位博士研究生,到滕州和肥城的小麦高产现场教学。他冒着烈日在麦田里讲解,连续两天下来,学生们看他脸上露出一些倦容,怕他吃不消,便婉转地提出:"余老

躬身田畴农为本

师,咱们已经看了两个地方,桓台县的点就不要去了吧!"余松烈理解学生们的心意,说:"感谢同学们对我的关心,但到桓台考察是教学计划安排的,不能变。"余松烈就这样以身作则,为国家培养了一大批农学专业人才,现已遍布中国各地,有些成为中国科学院院士、中国工程院院士。他就像一支蜡烛,燃烧着自己,照亮了别人。

1921年3月13日,余松烈出生于浙江省慈溪县。在宁波中学初中部完成学业以后,到南京市立第一中学读高中。刚读完高二,抗日战争就爆发了,南京常遭日机轰炸,他只好逃往吴兴县叔父家,借读于东吴大学吴兴附中的高三。1937年冬,日本侵略军在金山卫登陆,吴兴吃紧,他又同叔父一起到吴兴乡村山区避难,开始与农村、农业和农民有所接触。第二年,余松烈又随叔父等人由吴兴辗转避难到上海。在这种战乱时期,他仍然坚持上学读书,边在农科读大学,边补习其他课程。付出就有回报,他终于通过努力,获得了农学学士学位,中华人民共和国成立前,一直在老解放区山东农学院农学系工作。

余松烈最先创建小麦育种和栽培试验田,从事"小麦周期播种试验"和分枝小麦栽培技术研究,以及利用种间杂交改良分枝小麦的工作。在这期间,通过田间科学实践多次到农村蹲点,以及与中国著名劳动模范裴继臣共同劳动,学习总结他的小麦丰产经验等,余松烈开始对山东的小麦生产有所了解,对山东农业、农村、农民有所认识并初步建立了感情。

上个世纪60年代末,随着生产条件的进一步改善,肥、水、播种量的增加,我国各地高产麦田倒伏现象日趋严重。"大水、大肥、大播量"造成群体过大,田间郁蔽严重,个体发育不良,后期青枯倒伏、穗小粒轻,限制了单产的进一步提高,丰产麦田的单产出现了相对停滞的徘徊时期。面对这种情况,余松烈决心另辟蹊径,攻克小麦高产难关。

"文化大革命"时,余松烈主动要求到滕县农村下放劳动锻炼,一待就是5年。这段时光是他一生中最愉快、最紧张、最兴奋的时期,虽然生活艰苦,劳动繁重,但始终沐浴在农民群众的温暖友情之中,是他向劳动人民、向生产实践学习的最佳时机,业务上有了很大收获。余松烈几乎走遍了滕

县的丘陵、涝洼和平原,学习高产单位的经验,也发现了后进单位的问题,既找出滕县小麦生产中存在的普遍性问题,也研究了个别单位的特殊情况。在大量试验的基础上,经过分析,小麦精播的初步方案在余松烈头脑中形成了。

接下来,余松烈在滕县十几个村安排了精播试验,在黄庄村,他亲自整理好了两亩地,按每亩1.5千克种子的要求,将麦种按一定行、株距一粒粒种在地里。当时种了一辈子田的农民充满疑虑地说,他们每亩下种二三十斤,才收几百斤麦子,种这么稀还能收到麦子吗?当时余松烈解释说,地力差,小麦分蘖少,种稀了不行,地力好分蘖多,麦子会越长越好的。但是农民仍半信半疑。

第二年春天,麦田起身拔节后越长越好,麦收时亩产638千克,创下了北方冬小麦高产纪录。这一年,滕县有十一个村的小麦亩产超过了500千克。当时满是疑惑的农民纷纷竖起了大拇指,对余松烈佩服不已。余松烈并没有因此沾沾自喜,他认真总结了在滕县进行小麦高产攻关的经验,完成了十多篇论文,其中《冬小麦高产栽培的理论分析》初步阐述了精播高产理论,这项技术比传统栽培技术每亩地节省十多斤种子,增产10%以上,这一成果1978年获得全国科学大会奖。

余松烈返校工作之后,进一步研究冬小麦精播高产栽培技术体系。这一栽培技术与传统栽培方法相比,在不增加投入的情况下,平均增产13.5%,而且节省了种子。这一理论为我国黄淮冬麦区和北部冬麦区小麦高产,闯出了一条新的途径。目前,小麦精播高产栽培技术已在山东、河南、河北、江苏、安徽、山西等地累计推广应用3亿多亩,增产小麦130多亿千克,节约种子15亿千克。"九五"期间,冬小麦精播高产栽培仍被农业部定为重点推广的十项农业技术之一。

59岁时,余松烈光荣地加入了中国共产党,从此以较大的精力投入"小麦精播高产栽培技术"的研究与示范推广工作,几乎跑遍了山东省所有的丰产县,并到河北、河南两省进行宣传普及。在这段时间内,根据不完全记载,他共讲课和在田间进行技术指导200余次,听众包括各级有关

我的未来不是梦

躬身田畴农为本

领导和技术人员十万余人次。

余松烈有"农田三不原则",就是在农田中,开到眼前的汽车他不坐;推到手边的自行车他不骑;农田生活中不接受特殊照顾。他常常说自己就是个老农民,农田是他的根。在他眼里,只有常常走到田间地头,才能获得最有价值的信息。那个时候认识他的老百姓都说他是个知识分子,但又不像个知识分子。

2009年,山东小麦连续第七个增产年,除了小麦的亩产值增加外,全省小麦种植面积达5 317.8万亩,比上年增加30万亩。国以民为本,民以食为天,正是余松烈院士不懈的追求和努力,帮助中国农业解决了一个举足轻重的大问题啊!

逐梦箴言

"人活着,就得干活。"这是余松烈最爱说的话。青年时代的他,为中国农业孜孜不倦地求索,让冬小麦创造了高产纪录;晚年的他,依然没有停下探索的脚步,不但坚持把自己的院士活动资金全部用于小麦精播高产技术的完善和推广,还把一年的大部分时间,都花费在麦田实地研究和技术指导上。人的强烈愿望一旦产生,就很快会转变成信念,而在荆棘道路上,唯有信念和忍耐能开辟出康庄大道!

知识链接

我国小麦三大产区

1.北方冬小麦区,主要分布在秦岭淮河以北,长城以南,这

里冬小麦产量约占全国小麦总产量的 56% 左右。其中主要分布在河南、河北、山东、陕西、山西诸省区。

2.南方冬小麦区,主要分布在秦岭淮河以南。这里是我国水稻主产区,种植冬小麦有利提高复种指数,增加粮食产量。其特点是商品率高。主产区集中在江苏、四川、安徽、湖南各省。

3.春小麦区,主要分布在长城以北。该区气温普遍较低,生产季节短,故以一年一熟为主,主产省区有黑龙江、新疆、甘肃和内蒙古。

知 识 链 接

我 的 未 来 不 是 梦

智慧心语

农，天下之大本。

————王 祯

锲而不舍，金石可镂。

————荀 况

生活就像海洋，只有意志坚强的人，才能到达彼岸。

————马克思

向着某一天终于要达到的那个终极目标迈步还不够，还要把每一步骤看成目标，使它作为步骤而起作用。

————歌 德

有百折不挠的信念所支持的人的意志，比那些似乎是无敌的物质力量有更强大的威力。

————爱因斯坦

第八章

艰苦卓绝

躬身田畴农为本

◦导读◦

　　有人说:"天公把一种魅力隐藏在艰苦的事业中,只有敢于尽力从事艰苦工作的人,才能有机会意识到这种超然的魅力。"艰苦的环境最能磨炼人的斗志和毅力,然而懦夫把它当成沉重的包袱,勇士则把它当作前进的阶梯。记住:"坚韧者成,毅志者立。"正所谓人往高处走,水往低处流,生活向来喜欢攀登上坡路——因为脚印只有在到达高峰时,才显得明亮!

为贫瘠的土地镶金镀银

金秋十月,大地铺锦。"中国板栗之乡"——迁西县又迎来了一个丰收年,村民们望着自家丰收的板栗,笑得合不拢嘴,"这全是托了刘更另院士的福啊!"

没错,正是在刘更另院士的指导下,村民学习板栗树下栽培蔬菜,实行立体种植,通过精耕细作,栗园产量逐步提高,既收板栗,又收蔬菜,效益正逐年增大。

自 20 世纪 90 年代初开始,在刘更另院士的倡议下,栗磨的人工栽培技术在迁西开花结果。他带领几十名课题组人员风餐露宿,实验失败了,便再实验,再失败,继续实验,经过几百个日日夜夜,上千次失败,终于取得了重大突破,最高生物学转化率达到了 128.5%,实现了国内外把栗磨(学名灰树花)变为人工栽培的梦想。自此,"片麻岩山地栗园培肥技术及板栗专用肥研究"项目,成为山区致富的"金点子"。

刘更另是中国著名的土壤肥料植物营养学家,1929 年出生于湖南桃源县,毕业于武汉大学,曾留学前苏联获农业科学博士学位,1994 年当选为中国工程院院士。他的一生都在为中国的农业呕心沥血,为改良中国的土壤做出了重要贡献。他是世人公认的"土壤肥料长期定位监测的奠基人",为我国精准农业研究取得突破做出了贡献。

"我出生在农村,学的是农业科学和技术,我要到农村去,用学到的农业知识为农民服务。"当中国人民解放军昂首挺胸走进武汉时,刘更另激动

我的未来不是梦

得流下泪水,在人们庆祝的欢呼声中他不停地思索着:新的社会、新的生活就要开始了,我怎么办? 怎样奋斗? 怎样才能走在时代的前面? 怎么才能成为一个真正的、有抱负的革命者,干出一番事业来?

20 岁的刘更另渴望新的奋斗里程,他的行动从改名字开始。1949 年 6 月 6 日,武汉解放后的第 20 天,刘更另在去参加革命工作的路上就把名字改了。他原来叫刘赓麟,名字改成刘更另,表面是将字体简化,他在内心想——我已变成另一个人,脱胎换骨了! 1950 年 3 月,刘更另成为一名中国共产党党员。

其实大学毕业时,刘更另原本可以留校,但从小在农村的生活经历,使他对农业有特殊的感情。大学毕业时选择去革命老区工作,被分配到当时的河南开封。一分耕耘一分收获,刘更另用辛勤劳动赢得了去前苏联深造的机会。在这四年里,他如饥似渴地学习以土壤为基础的耕作学,并广泛汲取各种与农业有关的知识。导师不仅教国际上公认的试验方法,还使他懂得了观察的重要性。期间,除了西伯利亚,刘更另几乎走遍了前苏联的农村、农场和农业科研院所。

这期间,有一件事令他终生难忘:1957 年 11 月 15 日下午 6 点 30 分,正在莫斯科访问的毛泽东主席接见了中国留学生。当时刘更另是莫斯科农学院留学生党支部书记,站在第一排亲耳听见毛主席说:"世界是你们的,也是我们的,但是归根结底是你们的。你们青年人朝气蓬勃,正在兴旺时期,好像早晨八九点钟的太阳。希望寄托在你们身上。"刘更另心潮澎湃,毛主席希望大家学好本领,和工农结合建设祖国。而他出生在农村,学的是农业科学和技术,因此一定要到农村去,用学到的农业知识为农民服务,发展农业生产。

回国后,刘更另来到中国农业科学院土壤肥料研究所,带着满腔热情和农学知识投入到工作中,一刻也没松懈过。他多次去西北考察土壤普查的开展情况,在陕西、甘肃和宁夏,所到之地看到的都是粮食紧张的情况。刘更另认为,最迫切的事情应该是培肥土壤、增加粮食产量。在全国土壤普查汇报会上,刘更另发表了《关于农业土壤的几个问题》的报告,首次提

出"农业土壤"的概念,突破了原来土壤学独立于农业之外的框框。他认为,土壤科学首先要为发展农业生产服务,为粮食增产服务。中国农业科学院农业土壤学研究室应运而生,刘更另被任命为研究室副主任。

1960年1月,刘更另作为农业部下放劳动锻炼队的成员,来到全国闻名的优质大米产地黑龙江五常县,结合对浅层黑土、草甸黑土、北方水稻土进行考察,提出了提高农作物产量的新思路。"五常的大米质量非常好,但是产量少,如何提高水稻的产量呢?"刘更另在五常县劳动锻炼中,看到了发展水稻的希望。他提出,关键的问题一个是提高土壤温度,一个是充分利用光照时间。刘更另为此想出了晒田+薄膜的思路,先插秧,再排水,后铺膜,当土壤的温度提高了,庄稼根系就会发达,产量也就提高了。虽然只在五常县劳动锻炼了11个月,但在后来的40多年时间里,刘更另从来没有忘记五常县的水稻增产问题。

在东北下乡劳动锻炼的经历,打开了刘更另心中一扇窗,让他认识到:从事农业研究的科技人员一定要去农村做科学实践。因此,从黑龙江五常县劳动锻炼结束后,他主动选择到湖南祁阳办起工作点,这一蹲就是28年。他们在那里买了一片丘陵地,建立了工作站,把20多亩丘陵地改成了水稻田。他的屋子就在水田边,天天一起床就去看水稻,能看出水稻叶片七种颜色呢。刘更另从实践中找到了问题,水稻缺钾肥,钾少粒少。而科学实验的结果,只有被农民接受并运用到实践中,才有价值。刘更另在给当地农民做施肥培训时,采用扑克牌进行通俗易懂的讲解:"钾肥是老K,氮肥是Q,K比Q大。"他这样一讲,农民就完全懂了,在买钾肥时,也在肥料口袋注上K字样。当地农民通过合理施肥,水稻的收成一年比一年好。

刘更另坚信"科技真知从实践中来",凭借这股实践精神,他还解决了当地另一个影响水稻生长和增产的大难题。祁阳县的水稻土属于第四纪红色黏土,土壤中含磷很少,特别是在石灰岩地区,泉水中含钙较高,如果遇到干旱,土壤中的磷素被固结,来年种水稻,就会发生当地农民说的"坐秋",也就是水稻插秧后不长苗,一直要到秋天才生长。刘更另经过实践发现,无论干冬不干冬,只要插秧时施用磷肥作面肥,或用磷肥沾秧根,都可

以防治水稻"坐秋",每亩稻谷产量可以提高到 400 克以上。

"万物土里生,全靠两手勤。"刘更另从祁阳又来到衡阳,走遍了衡阳当时的每一个人民公社,从纬度和热量条件分析,认为衡阳地区宜于发展双季稻,于是根据客观实际,在施磷肥、种绿肥的基础上,提出"单季改双季、晚稻超早稻"的新目标,一个新种植制度出现了,大大提高了粮食产量和劳动生产率。如今,以红壤丘陵低产水稻田为主的衡阳地区,逐步变成了湖南省盛产稻谷的地区。

刘更另院士临终前,用 30 字口诀高度概括了自己在农业科学战线的工作心得:"抓生产问题,做基础工作,用先进手段,攻薄弱环节,得综合成果,出专门人才。"其实,归根结底一句话——报效国家,是长期埋藏在他心中的唯一心愿。

逐梦箴言

"越艰苦的地方,越蕴涵着成功的机遇;越艰苦的地方,越有机会挑重担、担大梁。"刘更另用一生的实践经验告诉大家,要想真正干一番事业,光坐在家里看网络上的资料是不行的,只有到基层才能看见更鲜活的东西,才能培养出克服任何困难的信心和勇气。如果带着一种理想和信念,到任何条件艰苦的地方都会有很多收获。"土壤和肥料是植物的粮食",而理想和信念、勤奋和坚强,则是人生必不可少的精神食粮。

知识链接

土壤肥料学

研究土壤、肥料和植物营养及其相互关系的科学,是农业基础学科的一部分。包括土壤固相组成、土壤物理性质、土壤化学性质、土壤肥力因素、土壤资源、设施栽培土壤管理、城市园林土壤管理、植物营养和合理施肥、化学肥料、有机肥料、生物肥料、园林植物施肥技术等。在研究方法上,多门学科的综合已成为土壤肥料学参与解决社会、经济发展重大问题的必然趋势;在研究手段上,信息技术、生物工程技术以及现代化测试技术在土壤肥料学研究中的应用越来越广,推动了土壤肥料学的快速发展。它是一个与多学科互相渗透、交叉的综合性很强的学科。

躬身田畴农为本

■ 步履艰辛构出完美中心法则

1953 年 2 月 28 日,在英国剑桥一家名叫 Eagle 的酒廊里,弗朗西斯·克里克一进来就兴奋地嚷道:他和詹姆斯·沃森已经"找到生命的秘密"了。在场的人都知道他在说什么。因为在过去两年里,两人不分昼夜设法寻找 DNA 结构的秘密。这一天早上,他们终于解开了谜团,也结束了当时生物科学界对这项研究的角逐战。他们搭建的"DNA 双螺旋结构模型",充分显示了 DNA 是如何完成传递细胞遗传信息的使命的。

也许沃森和克里克不一定是最聪明的科学家,也不一定最有经验。在当时的科学界,默默无闻的他们没有最好的设备,甚至不具备很多生物化学知识。但是,他们伟大的发现,改变了后半世纪自然科学和医学的发展,揭晓了分子生物学中最基本的奥秘。

克里克于 1916 年 6 月 8 日出生在英国南部的北汉普顿。年幼时他的兴趣广泛,尤其喜欢物理,总是会提出许多问题,父母就特意为他买来《儿童百科全书》。上大学后主修物理,二战中断了他的学术研究,他被分配到英国海军制造水雷。二战后,克里克大量阅读各学科书籍,对"生物与非生物的区别"产生了浓厚兴趣,开始自修生物学。从海军退役后,克里克进入剑桥大学,不久顺利进入卡文迪什实验室的医学研究理事会,攻读生物学博士。

克里克深信自己的物理学知识有助于生物学的研究,但化学知识缺乏,于是开始发愤攻读有机化学、X 射线衍射理论和技术,准备探索蛋白质结

构问题。这时，35 岁的他与来自美国的 23 岁的沃森相识。两人个性都很强，在一起常常争论不休，却又彼此钦敬，引为知己。尽管他们都在做着蛋白质晶体结构的研究工作，但两人都对"基因到底是什么"有兴趣。他们深信一旦解读了 DNA 的结构，对搞清真相将很有帮助。他们很快达成一致，认定解决 DNA 分子结构问题是打开遗传之谜的关键。

克里克在《疯狂的追逐》一书中是这样阐述的："沃森和我一拍即合，一部分原因是我们的兴趣惊人的相似，另外我想，我们的身上都自然地流露出年轻人特有的傲慢、鲁莽和草率。"此外，两人都喜欢大声讲话，无论是沿着河边散步、吃饭，还是在 Eagle 酒廊聊天，一口气能说好几个小时。更重要的是，两人意志坚定，一旦下定了决心要解决 DNA 的结构问题就不会放手，直到他们找到了答案或是别人捷足先登为止。

当时已经有不少科学家投身到 DNA 分子结构的研究中，对两人帮助最大的是英国莫里斯·威尔金斯和罗沙琳德·弗兰克林小组。1940 年，威尔金斯已经初步认识到 DNA 是一个螺旋形的结构，而弗兰克林有着非凡的才能和独特的思维，设计了很多极有价值的实验方法，逐步取得越来越清晰、全面的 DNA 衍射图片。

克里克与沃森正是利用这些成果，迈出了关键性的一步。起初两人认为 DNA 应该是三螺旋，并用金属线、金属片、有色小球和纸板，以"搭积木"的方法构建模型。他们费尽心思，终于搭起三螺旋模型。但当他们把模型展示给威尔金斯和弗兰克林时，却被当头泼了一盆冷水。弗兰克林明确指出该模型的缺陷，让克里克沮丧无比。

此后克里克的思路暂时陷入僵局。1953 年 2 月 14 日，威尔金斯在讨论中出示了一幅弗兰克林获得的非常清晰的 DNA 晶体衍射照片。这照片犹如把手，一下子就拧开了沃森头脑的阀门：还有比双链螺旋更吻合如此漂亮而清晰的图片的模型吗？两周以后，克里克重新摆弄出正确的 DNA 双螺旋结构。4 月 25 日，他们联名在《自然》杂志上发表这篇仅有 900 字的论文，题为《DNA 分子结构——一种可能的结构》，论文指出，DNA 具有双螺旋结构和自我复制机制。

DNA双螺旋结构的理论有着划时代的意义,是 20 世纪最伟大的科学成果之一。后来的科学家们在此基础上,成功地研究出了基因疗法、转基因作物、生物克隆技术和DNA鉴定技术,因而克里克和沃森被生物学界一致誉为"20 世纪最有影响的科学家"。

不过,正如很多突破性的发现一样,双螺旋理论起初并未引起足够的重视。发表当年,关于此理论的媒体报道不超过 3 篇,《纽约时报》的报道不仅搞错了克里克和沃森的学历,还引用了 1954 年诺贝尔化学奖得主鲍林的意见:这个模型"看起来很棒",不过"遗传学的分子基础"是否真相大白还很难说。

重大科学突破遭受冷遇的,双螺旋理论就这样静悄悄地登场了。但克里克并没有气馁,他进一步提出著名的"中心法则",解决了DNA如何复制与传递遗传信息的难题,得到世界学术界的认可。终于在 1962 年,克里克、沃森和威尔金斯以 DNA 双螺旋结构的成果,分享了当年的诺贝尔生理学或医学奖。

工作之余,克里克热爱、享受生活。虽然他喜欢做实验,但有时候一天到晚闷在实验室里,也会感觉无法忍受。到 1966 年,他觉得分子生物学的基础已经差不多全部勾勒出来,于是转向其他的兴趣领域:先是胚胎学,然后是对大脑、神经及意识的研究。离开剑桥后,克里克一直在美国圣迭戈的索尔克研究所工作。他的办公室正对大海,碧海蓝天的景色令他心旷神怡,在临海的阳台上读书、看风景或者小睡一阵,成为他平静生活的重要成分。

生活中的克里克一点也没有大师的架子,他为人谦和、幽默而且风度翩翩。克里克出版过一本名为《生命本身:起源和性质》的书,认为地球生命来自于一个更高级文明的太空船遗下的微生物。克里克还在医学杂志《自然神经学》上发表论文,称他和研究小组通过大量实验已经发现了人类的"灵魂细胞",他的一生,都保持着敏锐清醒的头脑。

2004 年 7 月 28 日深夜,弗朗西斯·克里克与结肠癌进行了长时间的搏斗之后,在加州圣地亚哥的桑顿医院逝世,享年 88 岁。他临终前还在修

改一篇论文。至死,克里克都是一名伟大的执着的科学家!

"没有一种不通过蔑视、忍受和奋斗就可以征服的命运。"克里克的成功之路,曾经迷茫过,困惑过,受到过质疑,甚至受到过一些名誉上的非议。但他始终没有退缩过,不仅和沃森一起找到美丽的DNA双螺旋,还在步履艰辛地构出完美中心法则,向科学界证明了他的实力。失败是什么?没有什么,只是更走近成功一步;成功是什么?就是走过了所有通向失败的路后,只剩下一条路,那就是成功!

知识链接

克里克"中心法则"

1957年克里克最初提出的中心法则,是遗传信息在细胞内的生物大分子间转移的基本法则。包含在脱氧核糖核酸(DNA)或核糖核酸(RNA)分子中的具有功能意义的核苷酸顺序称为遗传信息。遗传信息的转移包括核酸分子间的转移、核酸和蛋白质分子间的转移。即遗传信息从DNA传递给RNA,再从RNA传递给蛋白质,完成遗传信息的转录和翻译的过程。也可以从DNA传递给DNA,即完成DNA的复制过程。这是所有有细胞结构的生物所遵循的法则。

我的未来不是梦

■ 始知李太守，伯禹亦不如

水是一切生命赖以生存、社会经济发展不可缺少的重要自然资源和环境要素。毛泽东同志曾经说过："水利是农业的命脉。"我国是农业大国，农业属于第一产业。农业是支撑国民经济建设与发展的基础产业，而土地是农业中不可替代的基本生产资料，与水和水利的关系又密不可分。

1993 年 1 月 18 日，第四十七届联合国大会确定：自 1993 年起，将每年的 3 月 22 日定为"世界水日"。"世界水日"的主题是"水与粮食安全"；在我国，3 月 22-28 日为"中国水周"，其宣传主题为"大力加强农田水利，保障国家粮食安全"。

"水利"一词，最早见于我国战国末期《吕氏春秋》。约公元前 102 年，史学家司马迁写成《史记》，其中的《河渠书》是我国第一部水利通史。1933 年，中国水利工程学会第三届年会将水利工程归纳为"防洪、排水、灌溉、水力、水道、给水、污渠、港工"。到 20 世纪后半叶，水利中又增加了水土保持、水资源保护、环境水利和水利渔业等新内容，"水利"的含义更加广泛。在我国历史上，"治国必先治水"，兴水利、除水害历来是治国安邦的大事，甚至决定着一个朝代的兴亡更替与几千年文明史的走向。

据常璩的《华阳国志》记述，李冰是继司马错、张若之后的第三任蜀郡守。当时蜀地大局已定，所以兴修水利、大力发展农业生产，便成了李冰要做的头等大事。李冰在蜀任职长达十余年，水利建设功绩卓著，其中都江堰水利工程，是一项天人合一的科学的综合水利工程，它顺应了自然规律并将人的聪明才智发挥到了极致，可谓是世界水利史上的千古绝唱。都江

堰作为古蜀水利的一大骄傲,两千多年来一直发挥着作用,浇灌出了一个名副其实的"天府之国"。

李冰生活在战国时期,从小就喜欢钻研水利、天文地理等知识,读了很多这方面的书籍。古时候,常常发生洪涝灾害,而一些迷信的方法更是阻滞了治水的进程,诸如"河伯娶妻"一类的骗局,也时有发生。李冰从书籍中悟出一个道理:必须要坚决用科学的方法来治理水患,才能真正造福人民大众。于是,年少的李冰为人类的愚昧无知而痛心,更为那些受害的百姓难过,他更加勤奋求学,希望有朝一日实现治水的远大抱负。

古代的四川非涝即旱,有"泽国"、"赤盆"之称,四川人民世世代代同洪水做斗争。公元前316年,秦国吞并蜀国,秦国为将蜀地建成其重要基地,决定彻底治理岷江水患。秦王斟酌再三,决定派精通治水的李冰,取代政治家张若任蜀太守,终于,英雄有了用武之地。

从山西运城来到蜀郡后,由于水土不服,李冰患了风寒,但他顾不得大夫的叮嘱,带病和儿子二郎亲自沿岷江岸进行实地考察,了解水情、地势等情况。李冰亲眼看到当地严重灾情:发源于成都平原北部岷山的岷江,沿江两岸山高谷深,水流湍急;到灌县附近,进入一马平川,水势浩大,往往冲决堤岸,泛滥成灾;从上游挟带来的大量泥沙也容易淤积在这里,抬高河床,加剧水患;特别是在灌县城西南面,有一座玉垒山,阻碍江水东流,每年夏秋洪水季节,常造成东旱西涝。

有一天,李冰正和儿子在灌县考察,突然发现波涛变了脸色,阴沉恐怖地向堤岸这边涌来,那气势汹汹的样子,像要把整个灌县都吞掉一般。李冰赶紧命令身边的人撤退,可是还未等他们走远,大浪铺天盖地席卷而至,堤岸被冲毁,水流直接向灌县县城逼近,经过李冰身边时,顺势把他也卷进了激流……当李冰再次睁开眼睛的时候,已是洪灾过后,整个灌县一片狼藉,很多房屋被毁,很多人受伤甚至失踪死亡,人民的生命财产均遭受严重损失。而据说,当时儿子二郎一直紧紧抱住他,直到最后父子二人被卡在树杈间,才算没有被洪水冲到下游。后来被老百姓救起的时候,二郎望着那些被冲折的小树,一阵阵后怕,幸亏他们遇到的是一棵强壮挺拔的

我的未来不是梦

大树,否则后果真的不堪设想。

药是苦的,碗中的水,却清澈透明。望着一眼见底的清水,李冰心里揪着般地难受——水啊水,你如此清纯可爱,哪里像是吃人的魔鬼啊?我一定要想办法驾驭你,让你成为人类真正的朋友!

带着这样的疑问和坚定的愿望,李冰挣扎着从病榻上爬起来,叫人绘制水系图谱,然后投入到灌县的重建和修建都江堰工程中来。他反复研究,最后制订了详细周密的治理方案,又通过天文地理等方面的相关数据加以论证,最后决定修建都江堰,以根除岷江水患为先。李冰经过实地调查,发现开明开凿的引水工程渠选择不合理,因而废除了开明开凿的引水口,把都江堰的引水口,上移至成都平原冲积扇的顶部灌县玉垒山处,这样可以保证较大的引水量和形成通畅的渠网。

李冰还做石犀,埋在内江中,作为岁修时候淘挖泥沙的深度标准。岁修的原则是"深淘滩,低作堰"。"深淘滩"是说淘挖淤积在江底的泥沙要深些,以免内江水量过小,不敷灌溉用;"低作堰"是说飞沙堰堰顶不可修筑太高,以免洪水季节泄洪不畅,危害成都平原。后人把这六字诀,刻在内江东岸为纪念李冰父子而建的二王庙的石壁上,很是醒目。

李冰在治水的过程中,不仅遇到自然界的困难,同时还受到很多封建迷信思想的阻挠。有人说他疯了,这样不敬天神不敬水神的做法会激怒河伯,惹恼龙王,连累天下苍生都不得安生;甚至秦王的亲戚华阳侯更是嫉妒他,制造一系列的谣言,中伤李冰是中饱私囊、贪污工程款等等,想破坏都江堰的修建。

但是李冰坚信真理在他这一边,坚决用科学的方法治理水患,而且还成功解决了各种人造事件,及时地处理了工程中的问题和紧急状况。因为他非常清楚,心胸坦荡,他所做的一切,对蜀地必将产生深远的影响,如果都江堰成功了,也会给全国各地水利事业带来崭新的局面。因此,排除万难,也要把都江堰修好,让水成为人类真正的朋友。

有志者事竟成,都江堰终于竣工了!从此,蜀地"旱则引水浸润,雨则杜塞水门,故水旱从人,不知饥饿,则无荒年,天下谓之天府"。水利的开发,

使蜀地农业生产迅猛发展,成为闻名全国的鱼米之乡,使成都不仅成为四川而且是西南政治、经济、交通的中心。

　　水是生命之源、生产之要、生态之基。加快水利改革发展,不仅事关农业农村发展,而且事关经济社会发展全局;不仅关系到防洪安全、供水安全、粮食安全,而且关系到经济安全、生态安全、国家安全。因此,李冰修建的都江堰水利工程,不仅在中国水利史上,在世界水利史上也占有光辉的一页。

逐梦箴言

　　"古之立大事者,不惟有超世之材,亦必有坚忍不拔之志",李冰手握一把长锸,站在滔滔的江边,完成了一个"守"字的原始造型;那把长锸,千年来始终与金杖玉玺、铁戟钢锤反复辩论,正气淋漓,闪耀着清清白白、坦坦荡荡的智慧光芒。老百姓怀念他的功绩,建造庙宇加以纪念——他以田间老农的思维,进入了最澄澈的人类学的思考;有了一个李冰,神话走向实际,幽深的精神天国,一下子贴近了大地,贴近了农业,贴近了苍生!

知识链接

大禹治水

　　禹为鲧之子,又名文命,字高密。相传生于甘肃青海一带,后随父迁徙于河南登封附近,尧时被封为夏伯,故又称夏禹或伯。禹是中国第一个奴隶制王朝夏的建立者。治水时有三件宝,一是河图;二是开山斧;三是定海神针。大约四千多年前,黄河流域洪水为患,尧命鲧治水。鲧采取"堵"的策略失败,其独子禹主持治水。禹确立了"疏"法——即疏通河道,拓宽峡口,让洪水更快通过。根据轻重缓急,逐一扩展到各地。据说禹治水到涂山国老家,曾"三过家门而不入"。禹治水十三年,耗尽心血与体力,终于完成了名垂青史的大业。安徽怀远县涂山上有一座禹王宫,山西省芮城县有一座禹王庙,是人们对大禹功绩的纪念。

■ 中国动物营养学的铺路人

　　畜牧业是利用畜禽等已经被人类驯化的动物,或者鹿、麝、狐、貂、水獭、鹌鹑等野生动物的生理机能,通过人工饲养、繁殖,使其将牧草和饲料等植物能转变为动物能,以取得肉、蛋、奶、羊毛、山羊绒、皮张、蚕丝和药材等畜产品的生产部门。是人类与自然界进行物质交换的极重要环节。畜牧业是农业的主要组成部分之一,与种植业并列为农业生产的两大支柱。

　　畜牧业在国民经济中有着重要的地位和作用,主要提供肉、奶、蛋类等动物性食品;为工业提供羊毛、山羊绒、皮、鬃、兽骨、肠衣等原料;通过畜产品出口取得外汇;促进畜牧业投入品工业和畜产品加工业的发展,增加劳动就业机会;为农作物生产提供有机肥料;增加农民收入;为农业和交通运输业提供畜力;促进广大牧区的经济和文化发展,加强各民族间的团结。畜牧业的发展,离不开广大畜牧工作者的付出和努力,中国工程院院士张子仪先生,就是这样一位坚守在畜牧领域的专家,为中国畜牧业发展做出了巨大的贡献。

　　张子仪是山西省临猗县人,父亲是前清进士。幼年受儒家思想教育颇深,古文底子很好,16 岁即赴日本读书,先就读于日本北海道帝国大学农类预科,1948 年毕业于日本京都大学农学部,后在该大学研究生院攻读反刍动物微量元素营养。

　　张子仪的第一个研究成果是在日本完成的。当时导师出了一个题目:滋贺县的耕牛一到冬天就犯厌食症,当地人的解释是氟中毒。很多外国学

生根本不相信张子仪能完成任务,耻笑他"对牛弹琴"！张子仪告诉自己一定要给中国人争气。他查阅大量资料,最后证明是缺少金属钴而引起的恶性贫血症。这一成果受到病区政府的表彰,张子仪也初步在学术界得到认可,被京都大学聘为外国人特别研究员。

在日本多年的学习和研究,让张子仪掌握了丰富的农学知识,同时也积累了宝贵的实践经验。但是,张子仪最放不下的是自己的祖国,他时刻想着有一天能回到祖国的怀抱,为新中国的发展做出自己的贡献。1952年,张子仪终于怀着报效祖国的满腔热情,学成回国,从此把自己所学的知识全部投入到工作中来,为当时还很落后的中国农业尽一份力。

"六五"以来,张子仪主持多项国家科技攻关项目,参与或主持国家畜牧、饲料科技规划的制定和论证,是动物营养学会的创立者之一。"六五"至"九五"期间主持或参加完成的研究成果,有 4 项获得国家级科技进步奖,15 项获得省级科学进步奖,出版专著 28 部,发表论文 260 余篇。他本人先后十多次获得北京市人民政府、中国饲料工业协会、中国农学会等表彰和奖励。1998 年获中华农业科教基金杰出贡献奖。

1979 年拨乱反正后,张子仪院士先后主持了"饲料营养价值评定"、"畜禽营养代谢规律研究"等国家、农业部重点攻关项目,组织全国协作完成了"猪饲料消化能离体测定方法"、"鸡饲料代谢能标准测定方案"的制订。在此基础上,全面完成了现代动物营养学指标配套的《中国饲料成分及营养价值表》,为制订发布中国瘦肉型猪饲养标准、鸡饲养标准、奶牛饲养标准及开发优化饲料配方软件提供了科学依据,该项工作"七五"期间获国家科技进步二等奖。受国家技术监督部门聘任,组织专家先后完成了《中国饲料工业体系表》及有关饲料工业国家、专业、行业、地方等系列标准的起草、发布、宣传、贯彻等工作。

近十年来,张子仪直接主持及参加完成的饲料工业标准近 70 项,为确保中国饲料工业产品质量及完善监督检验制度提供了立法、司法依据。根据国际饲料分类法原则,结合中国国情,首次提出了"中国饲料分类法及篇码系统";创建了中国饲料数据库情报网中心,实现了饲料营养研究的现代

我的未来不是梦

管理。张子仪长期从事动物营养科学研究，其卓越贡献盛誉业界，而其致力于畜牧业精神更为世人尊崇。2008年，张子仪还在中国农大的名家论坛上，与大家一起分享他的学术经验，至今令大家难忘。

"中国必须结合自己的历史情况、实际情况创新，探索出适合发展的道路。"张子仪先生语意深长地鼓励年轻人，要勇于承担历史的责任，要做到"苟日新，又日新，日日新"，即"如果我每天都去学习，每天都有反思，每天都得到新的知识，那么我每天就都有进步，这个就是现在创新的含义"。他希望同学们要抓住学习的机会，不断地开发自己的智力，不断地丰富自己，不断地创新。

张子仪先生结合很多中国的实际例子，谈起历史的回顾与反思，认为问题摆在面前的时候，规避问题和直面挑战是两种处理问题的态度。"中国的农业向何处去？"他提出这样一个令人深省的问题。"民以食为天"，农业是根本，"三农"问题不解决，中国的问题永远解决不了。但是，在发展农业的同时，中国面临着生态赤字的问题。

张子仪先生提倡要树立"生态文明观"，期待中国能做到人与自然的和谐，实现经济发展和人口、资源、环境相协调，坚持走生产发展、生活富裕、生态良好的文明发展道路，保证一代接一代地永续发展。

逐梦箴言

"积极的人在每一次忧患中都看到一个机会，而消极的人则在每个机会中都看到某种忧患。"张子仪先生是我国饲料科学的铺路人，也是中国农业历史的见证人，他用一生的阅历给后世之人传递科学的声音；他把全部心血倾注在畜牧业和动物营养学的研究中，探索出了一条中国特色的技术路线，推动了我国现代农业健康快速地向前发展。张子仪先生用他的经验告诉年轻一代：只有一条路不能选择——那就是放弃的路；只有一条路不能拒绝——那就是成长的路！

动物营养学

一门阐述营养物质摄入与生命活动之间关系的学科,是沟通动物生物化学和动物生理学的桥梁,是应用生物化学、生物学、生理学、生物统计学等手段,研究养分的生理作用、营养功能、养分消化吸收、饲料营养价值,以及动物营养需要的一门应用基础学科。动物营养学是生命科学中理论性、应用性均较强的学科,与自然科学中 30 多门学科,特别是与生命有关的学科关系密切,也和哲学、自然辩证法、经济学和法律等人文学科相互联系。

我的未来不是梦

躬身田畴农为本

◦ **智慧心语** ◦

水旱,天时也;肥瘠,地利也;修治垦壁,人和也。

——陆世仪

只要持续地努力,不懈地奋斗,就没有征服不了的东西。

——塞内加

在希望与失望的决斗中,如果你用勇气与坚决的双手紧握着,胜利必属于希望。

——普里尼

书不记,熟读可记;义不精,细思可精;惟有志不立,直是无着力处。

——朱 熹

发现者,尤其是一个初出茅庐的年轻发现者,需要勇气才能无视他人的冷漠和怀疑,才能坚持自己发现的意志,并把研究继续下去。

——贝弗里奇

第九章

立德立功

◦导读◦

　　"太上有立德,其次有立功,其次有立言!"古来一切有成就的人,都很严肃地对待自己的生命,当他活着一天,总要尽量多劳动,多工作,多学习,不肯虚度年华,为人类社会的发展和进步立德立功。因此,人生的价值并不是用时间,而是用深度去衡量的,是在看他在短暂而有风险的一生中贡献了什么。"建功立业当盛日",一个能立德立功立言的人,才是真正力量无边的人!

躬身田畴农为本

■ 与农为伍立德立功立言

丁颖是中国杰出的农学家,创造了许多第一:世界上第一个通过杂交而把野生稻抵抗恶劣环境的基因转移到栽培稻,培育出世界上第一株"千粒穗"类型,第一个系统科学地论证了中国水稻的起源和演变……从对稻种起源演变、稻种分类、稻作区域划分等理论研究,到农家品种系统选育及栽培技术等应用技术,他都取得了卓越成就。丁颖的研究和170多篇论文著作,使他成为中国稻作学的主要奠基人,被誉为"中国稻作科学之父"。

丁颖留给世界的,远不止这些表面的贡献和美名。中国古人树起了评价人生的三个标准:"立德"、"立功"、"立言",谓"三不朽",而其中,"立德"是"太上",即最高境界。无论从哪方面看,丁颖都是科学界中道德高尚的典范。

农业学科一直是每年高考志愿中的冷门,因为选择它就意味着风吹日晒、更多的艰辛和寂寞。而约一百年前,在中国农业科学尚未系统形成时,更是乏人问津。在当时学生趋之若鹜地报考文、法、商科,谋求一个当官发财门径的时候,全优生丁颖却思虑乡亲的惨况,对同学说:"诸君,当今之血性青年,当为农夫温饱尽责努力。我决意报考农科。"丁颖当年赴日本读农艺时,常听到讥讽:"上粪种地,愚不可及,何须留洋?"

作为贫农之子的丁颖,自然深知学农务农的艰苦,但他终生不改矢志。选择学习农科这条异常艰苦的道路,最初源于他童年起便对当时农民疾苦的深切体验,而在血气方刚的青年时期,在种种探索中,最终做出了潜心"科学救国"的抉择。

我的未来不是梦

1888 年，丁颖出生于广东高州的一个普通农家，字君颖，号竹铭，是这个家庭中第 12 个孩子。丁颖童年时，丁父深悟没文化是穷人备受欺凌的根源，于是，在债台高筑之下，丁颖背负着家庭的希望成为丁家第一个读书人。他三次东渡求学，回国后变卖祖产，掏出自己微薄工资到处搞试验育良种，不遗余力地向农民推广，数十年如一日与农民为伍、过贫农的清苦生活，为的便是"使受苦不尽的中国农夫与现代科学发生联系"让他们摆脱困苦，若没有超脱世俗的济世理想、悲天悯人的人文关怀，自然难以想象。

1924 年学成回国后，丁颖在广东大学农科学院出任教授。上世纪 20 年代，中国的农科院系刚刚起步，参考资料奇缺，认真教书的丁颖不愿像多数教师那样拿本洋教材便照本宣科，他夜以继日地翻阅农书古籍，并通过辟试验田试验积累资料，编书讲义，撰写论文，在以丁颖为首的农学家们的多年努力下，中国的稻作学科体系才逐渐建立。

然而丁颖并不满足于执教鞭、搞小实验的学院派生涯，还把目光投向了黎民苍生。当时中国这个盛产稻米的大国，每年竟要进口洋米七八百万担，一千多万两白银源源外流，而处于社会底层的农民，更是过着饥寒交迫的日子。革新农业、造福苍生的热血常在丁颖心头翻涌，在教学同时，他积极开展水稻灌溉和吸肥规律的研究，并对广东粮食生产问题做了大量调查，写出《改良广东稻作计划书》和《救荒方法计划书》，建议政府每年拨出 1% 的洋米进口税作为稻作科研经费，但这些饱含拳拳之心的种种考虑均石沉大海。

重重困难曾令丁颖十分郁闷，但没有动摇他的意志，决意以"蚂蚁爬行的方式，苦干到 150 岁"。当局的麻木不仁，使水利、肥料等农业大环境无法改良，他立足现实迅速调整科研计划，决心先培育水稻良种加以推广，达到使农民增产的目的。他费尽口舌才拿到政府可怜的 260 元开办费，又变卖祖产补充经费匮乏，在茂名县公馆圩筹建了我国第一个稻作专业研究机构——南路稻作试验场，以育种为主，同时开展灌溉、施肥、气象、稻作分类等研究。说是试验场，其实是租来两间泥房和 60 亩常年干旱的坡地，丁颖带着两名技术员和几名民工便开始苦干。在这里，无论从居住、伙食、衣着乃至肤色，这位留洋教授都与民工没有两样。只是每天劳作完毕民工休

息后,他在油灯下继续研究写作。经费难以为继时,他又用"卖青草"预售良种等办法勉力支撑。这样苦心经营多年,陆续育出"田基度7号"、"黑督4号"等等高产、省肥、抗恶劣环境的水稻良种,广为推广。

作为中国农业科学院首任院长,丁颖治学严谨,终生深入一线调查研究,坚持发表文章必须对科学和生产负责,更鄙视把文章作为追求名位的手段。他写文章都要经过深思熟虑,反复推敲,连校对也一丝不苟。《中国栽培稻种的起源与演变》一文,是他在广州发现野生稻之日即开始思索,并陆续征询了历史学、文字学、人类学、分类学等专家的意见,直至1927年才最后定稿。这种对科学、对生产的绝对负责态度,这种严谨治学的精神是很值得今天的我们学习的。

丁颖从不屈从权势和外界压力,一生秉持自己的独立人格,因为他认为,知识分子是社会的良心。当年广东省主席陈济棠曾要把一亲属塞到中大农学院捞文凭,丁颖断然拒绝,不管陈用权势相压还是使人出面讲情;另有一极有权势女生平时不喜欢读书,毕业时丁颖在她的《水稻栽培学》试卷打了五分(百分制评分),不管她怎样活动也无济于事。在"大跃进"中,浮夸风遍及全国,各地亩产粮食几万、十几万克的"卫星"纷纷放起,有些著名科学家也纷纷发表文章"论证"它的"科学性",而作为当时首屈一指的农学家丁颖坚持不随波逐流,却对"高度密植高产"的提法深表疑虑。他指出:如果作为科学试验,搞一亩两亩是可以的,但未经验证切不可大面积推广。他还语重心长地说:"不要忘记农民的肚皮是连着地皮啊。"

综观丁颖的一生,"学农、爱农、务农",这句朴实话语正是他终生践行的座右铭。1963年,丁颖已是75岁的老人,作为中国农科院院长这样的部级"高官",在考察西北稻区时,仍不顾年迈体衰,坚持赤足下田,体察雪水灌溉对稻根生育的影响。长期在田间的风吹日晒,使名教授丁颖长年在衣着、肤色、生活上都与普通农夫无异,以致外人到中大看到穿戴着白通帽、旧皮鞋、旧唐装的他,都以为是普通园艺工。而事实上,他也喜欢学生们称呼自己为"丁师傅",而不是叫"丁教授"。

出生自农家的丁颖,在跳出农门成为教授后却仍愿一生"与农民为伍",

我的未来不是梦

这源于他对农民、对土地和对自己专业农学的无限热爱。"丁颖精神"是以丁老为代表的华农老一辈科学家所体现出来的高尚精神品德的概括,是"华农"宝贵的精神财富。

逐梦箴言

"身教以德,敬业乐群"、"刻苦钻研,务实求真"等精神,无论是在试验田中进行水稻栽培试验,还是在广东各地办育种试验,丁颖总是身先士卒亲自下田劳作。正如水稻的亩产会越来越高,在学术上,长江后浪必推前浪,后人站在了前辈巨人的肩上。但后辈学人的个人品格、学术道德则未必能今人必胜前人,它需要用一生去修炼,而其间又有太多的诱惑。重温丁颖等那一代科学家的懿行风德,以前人为鉴,不仅对科技工作者,其实对我们每一个人,都不失为一种鞭策!

知识链接

中国农业科学院

创立于 1957 年 3 月 1 日,是国家级农业科研机构,担负着全国农业重大基础与应用基础、应用研究和高新技术产业开发研究的任务,在解决农业及农村经济建设中基础性、方向性、全局性、关键性重大科技问题,以及科技兴农、培养高层次科研人才、发展农业科技出版事业、开展国内外农业科技交流与合作等方面发挥着重要的作用。首任院长丁颖,现任院长翟虎渠。

稻作文化

中国新石器时代的考古发现,早在史前时代中国的长江流域及其以南地区就发展出了较成熟的稻作农业,由此而衍生的有关衣食住行的种种风俗而被称为"稻作文化"。在当今的世界上,许多国家以大米为主食,把大米自给作为基本国策。而稻作文化是指人们以水稻种植为主要生存和发展方式的文化。

■ 在科学的路上安贫乐道

　　花生、大豆、槐树、檀木、甘草、苜蓿、紫云英,这些人们熟悉的植物外形和用途各不相同,却都是豆科植物。豆科植物的根系中广泛共生根瘤菌,帮助固定空气中的氮并转化成养料。

　　每年豆科植物开花的季节,是根瘤菌的旺盛生长期,也是女科学家陈文新的漫游期,天涯海角的偏僻之地,是她和它们约会的乐土。作为"中国根瘤菌第一人",20多年中她和同事走遍全国各地,共调查了600多种豆科植物,其中300多种未见于权威记载。由于根瘤菌潜在的巨大效益,根瘤菌资源调查也是世界各国激烈竞争的领域,而陈文新所建立的根瘤菌资源数据库,其数量比美国最大的同类库要多上千种。

　　陈文新是烈士的女儿,1926年出生于湖南浏阳。父亲陈昌字章甫,是毛泽东主席当年在湖南第一师范时的同窗挚友,后随毛泽东参加革命,随周恩来参加南昌起义。大革命失败后被捕入狱,被反动派杀害。当时陈文新只有3岁,其大姐12岁,二姐8岁,母亲毛秉琴一人艰苦求生,将三个女儿抚养成人,其间的辛苦可想而知。

　　母亲靠替别人缝补衣服换得男劳力,为家里耕种几亩水田。按照湖南的习俗,女人不能下水田干活,但为求生存,母亲只好把陈文新打扮成男孩,剃了光头,打着赤脚,从事一些田里的辅助劳动。陈文新从小就特别懂事,看到母亲的劳累很是心疼,也义不容辞担当起男孩子的责任。记得8岁那年,山里发大水,家里唯一的一块水田被冲,眼睁睁着全家人就要挨饿了,母

躬身田畴农为本

亲坐在地头哭。陈文新一边安慰母亲,一边想办法,但是那个时代能有什么办法可想呢?最后,为了抢救全家的活命粮,陈文新进入水中,将禾苗一株株从泥沙中扶起来,洗干净后又重新栽好,从清早干到天黑,这样整整干了四天。禾苗救活了!一家四口的生活终于又看到了希望——这段故事,也是母亲常用来激励后代的经典。

童年的这段经历,不仅帮着母亲看到了生路,而且让陈文新增强了体质,锻炼了毅力,磨炼了意志,也为以后从事科研工作,实现科学报国的理想奠定了良好基础。

陈文新的父亲牺牲前唯一的嘱托,是"养育好他丢下的三个女儿"。母亲铭记父亲的嘱托,含辛茹苦全力背负起这个沉重的家庭。母亲自己文化程度不高,却千方百计地让三个女儿多读点书;但是家境贫寒,连饭都吃不上,根本没有钱供女儿上学。父亲牺牲时,陈文新的大姐刚读完小学五年级,家庭所迫就靠自学,在 15 岁的时候冒充 17 岁考取了小学教师资格,从此担负起养活全家的任务。陈文新也才因此有了上学的机会,从而实现更远大的抱负。

古今中外的女性科学家本来就不多,而在中国从事农学的女科学家,更是罕见。说起陈文新献身于根瘤菌研究的渊源,应该是基于年轻时代与毛泽东主席的谈话。1954 年在中南海,陈文新第二次见到了毛主席,主席与学农的她交谈了许多植物营养和土壤肥力问题,并提到豆科植物——根瘤菌可以把空气中的氮气变成肥料,还说要多利用空气。就这样,毛主席的亲口鼓励和教诲,以及她对毛主席做过的保证,一直是她工作和生活的动力,鼓舞着她将一生献给祖国的农业科学事业。

陈文新正式开展根瘤菌分类研究,是在 20 世纪 70 年代,当时,国际上正对细菌分类"改朝换代"。科学证明,将分子生物学技术引入分类研究领域,能从基因水平上去了解细菌之间的亲缘关系,能获得自然分类的结果。陈文新选择根瘤菌作为研究方向,是因为这类菌具有一个重要的功能:它们与豆科植物共生,在其根部形成根瘤,像一个个小氮肥厂,将大气中的氮气还原成氨,供植物做肥料。

　　然而,任何事业的开展都不会是一帆风顺的,在枯燥的研究过程中,陈文新同样遇到不少思想障碍。比如有些领导部门不支持根瘤菌的研究,说"根瘤菌是老掉牙的问题,有什么好做的?"另外,受传统细菌分类工作的影响,认为分类工作枯燥无味,学生们不感兴趣。再加上当时的遗传学、基因工程等都是科学研究的热门,对人们很有诱惑力,有的同学也建议陈文新改做遗传学研究等。

　　面对各种非议和诱惑,陈文新经过认真考虑,最终认识到根瘤菌资源的重要性,而要作资源就必须作分类;否则,搜集的资源再多,不认识它,也无法应用。在开始这项工作之初,她的老师陈华癸院士对她说:"做分类要安贫乐道。""安贫乐道"这句富有哲理的话语,使陈文新坚定了做分类研究的决心,并矢志不渝地走下去。

　　最初,她采用国际上最先进的细菌分类技术,加之国内生物资源的多样性,几乎每做一批菌,都能获得新的结果。开始在新疆只采到几十个菌株,就发现了一个新群;做快生大豆根瘤菌竟发现了一个新属"中华根瘤菌属"。后来,陈文新又定了一个新属——中慢生根瘤菌属,与国际上原定的两个根瘤菌属一起,成为四个根瘤菌大属。

　　陈文新多方争取和不懈努力,逐步在中国建立了具有世界先进水平的细菌分类实验室,确立了一套行之有效的根瘤菌分类、鉴定技术方法。这套方法符合国际细菌多相分类要求,这一有效的分类技术体系及相应的数据处理程序的建立,保证了中国根瘤菌生物多样性及其分类研究的需要,使陈文新及其学生们持续不断地建立了2属15种新根瘤菌。她的实验室已成为中国最主要的细菌分类室,为中国农业大学和其他研究单位培养了大批研究生,并为其他研究单位提供了支持。陈文新的实验室,是发展中国家中唯一一个技术全面而又多产的实验室。

　　利用国家的有限资助,陈文新经过勤奋的努力,完成了全国32个省(市、区)根瘤菌资源初步调查、保藏和分类研究,取得大批具有国际先进水平的研究成果,得到国家自然科学基金委员会"低投入,高产出"的评价,获得国家部级科技进步奖,2001年获国家自然科学二等奖。在荣誉面前,陈

文新忧心忡忡的却是另一个重大问题：中国农业生产中过量施用化肥农药，已造成严重的环境面源污染，土壤肥力水平下降。根据很多国家的经验，发挥豆科植物根瘤菌共生固氮作用，可大幅减少化肥用量。所以，在持续基础研究的同时，陈文新将大部分精力转移至根瘤菌的应用方面，并先后两次向政府有关部门建议：充分利用豆科植物根瘤菌共生固氮作用，优化中国国内农牧业种植系统，以减少化肥用量，改善土壤性状，减少环境污染，保障农业可持续发展。

2001年11月9日，中国科学院公布当年院士增选结果，陈文新榜上有名，在此之前，她已经两次在院士增选中落选，两次都只有一票之差。她自己对此毫不忌讳："当院士需要有一定的成就，也需要一定的知名度，我的文章多数发表在国外杂志上，与国内科学家接触得比较少，院士当选也是机遇问题。"

在科学的道路上，陈文新给自己总结了四点：勤奋、求新、认真、求实。如今，她手中掌握着全世界最大的根瘤菌资源库。为了能够将研究成果有效推广于农业实践，85岁的她依然坚持在科研的第一线，迫切希望在有生之年，再为国家出一把力。

逐梦箴言

"如果胸怀不似海，又怎能有海一样的事业？"在某种意义上说，人生不是一种享乐，而是一桩十分沉重的工作，耄耋老人陈文新与根瘤菌打了一辈子交道，就是为了让空气中的氮成为无污染的肥料，从根本上改变种粮单纯依靠化肥增产的模式。如果没有广阔博大的胸怀，陈文新很难在过去艰苦的岁月里，依然执着地坚守自己的梦想。人人都渴望成功，只有安贫乐道的人，才会摒弃浮躁和诱惑，最终收获累累硕果！

知识链接

根瘤菌

与豆科植物共生,形成根瘤并固定空气中的氮气供植物营养的一类杆状细菌。能促使植物异常增生的一类革兰氏染色阴性需氧杆菌。正常细胞以鞭毛运动,无芽孢。可利用多种碳水化合物,并产生相当量的胞外黏液。如根瘤菌属和慢性根瘤菌属都能从豆科植物根毛侵入根内形成根瘤,并在根瘤内成为分枝的多态细胞,称为类菌体。常制成细菌制剂在田间施用,作为作物或牧草增产的一种手段。还有土壤杆菌属,能够通过外伤入侵多种双子叶植物和裸子植物,致使植物细胞转化为异常增生的肿瘤细胞,产生根瘤、毛根或杆瘿等。

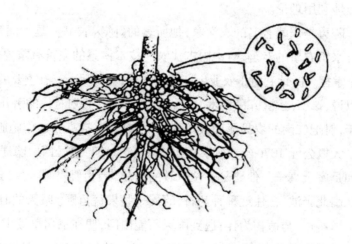

我的未来不是梦

■ 中国南方农学的开山鼻祖

　　土地是农业生产的基本要素之一。中国古代人民在长期的农业实践中,对土地的认识逐渐形成了很有特色的土壤学理论,其中最著名的是陈旉提出的"土宜论",是继承了在先秦时代已经出现的理论而有所发展的新的土地利用理论。

　　陈旉是宋朝著名的农学家,他所著的《陈旉农书》,是中国第一部反映南方水田农事的专著,对中国古代农业技术体系的完善有重要价值。他阐述了掌握天时地利对于农业生产的重要性,对实际生产有重要的指导意义。可以说,该书是继《齐民要术》之后第一部真正的、划时代的著作,它的意义在于,对把江南的岁易无肥栽培水稻耕作技术,提高为连作施肥栽培。

　　大概公元 1076 年,陈旉生于宋朝偏安时期,自号西山隐居全真子,又号如是庵全真子。他原是一位道教的信徒,因为要躲避金兵,最后只能在长江南北奔波,在住地种种药材,莳弄一些果蔬苗圃。晴天的时候,陈旉就去田里耕作,与植物为伴;遇到雨天不能出门,便在书房里读书。他读书不是为了求取功名,而是为了修身养性,过一种与世无争的淡泊生活。但他所处的年代,正值战乱之时,想真正地淡泊度日,是件很不容易的事情。

　　战乱导致最严重的后果,是生活的艰苦,很多民众流离失所,无家可归,更不要说温饱问题了。陈旉看在眼里,急在心上,每当在田间耕作的时候,他就常常望着土地出神,幻想突然有一股神力,帮助庄稼快速成长,帮助农夫过上丰衣足食的好日子。但是盼望归盼望,战争还是没有停止,老百姓

的生活更加困苦。天长日久，农夫们也喜欢亲近这位悲天悯人的文人，把心中的苦恼讲给他听，也把一些种地的经验分享给他。因此，长时间地在农村生活，让陈旉有更多机会接触农夫，从而进一步了解农业，想为农业做些什么的想法，一点点开始萌芽。

宋代以前，也曾有若干论述农业生产的农书问世，如《氾胜之书》、《齐民要术》等，但这些农书全都是讲述黄河流域的农业生产技术。而黄河流域多为北方旱地平原，农作物以黍稷、小麦为主，其生产技术基本不适用于长江下游地区。到了宋代，处于经济逐渐繁荣阶段的长江下游水稻蚕桑生产地区，迫切需要一本讲述本地农耕技术的农书，借以指导当地的农业生产。陈旉觉得他作为一名学者，有责任把农夫的经验整理出来，然后通过他自己的实践验证后，向更多的地区推广。知识能改变农业，这是陈旉当时最朴素也是最正确的想法。

陈旉总结了间作和复种的老经验和新经验，在农业方面提出两点全新的理念：一是为了充分发挥土地的生产能力，尽量不让耕地闲置，要做到"种无虚日，收无虚月"；二是提出了一个地区各类土地的全面利用规划，就是按照一个地区内不同土地类型来全面安排农业生产。这就是著名的"土宜论"。

"宜"就是合适、相称、恰到好处的意思。"夫稼，为之者人也"，农业生产首先是人的事业，陈旉最先看重的是"财力之宜"，即强调生产的规模，特别是耕种土地的面积，一定要和财力、人力相称。陈旉告诫农夫们说："贪多务得，未免苟简灭裂之患，十不得一二。"他还借用当时的谚语，给农夫讲生动贴切的道理："多虚不如少实，广种不如狭收。"进而提出："农之治田，不在连阡跨陌之多，唯其财力相称，则丰穰可期也审矣。"陈旉的"财力之宜"，虽然着眼于财力，但落脚点却在于耕地面积的大小，很有实用价值。

而耕地面积除了本身的面积大小之外，还包含有很多其他的因素，地势即其中之一。于是陈旉接着开始分析"地势之宜"，着重研究土地的规划利用问题。可是随着研究的深入，发现地势的高低不仅影响到土地的规划

利用,同时也影响到耕作的先后迟缓和翻耕的深浅,于是陈旉进一步探索"耕耨之宜"。就这样,他又由耕耨的先后迟缓,想到了"天时地利"的重要性,指出:"农事必知天地时宜,则生之、蓄之、长之、育之、成之、熟之,无不遂矣。"

但是,有时候这些天时地利和地势的存在,都是客观的事物,并不以个人意志为转移,因此如何将土地种好,如何解决温饱问题,还需要种田人自己的努力。为了让农夫清楚地认识到这一点并付诸行动,陈旉又总结了"六种之宜",与农夫一起讨论几种旱地作物的栽培时序问题。庄稼种得好坏,有赖于人,因此农家居住靠近农田,便于照顾耕作,这只是一个有利的条件;其实更重要的,还在于"治"。陈旉提出了两个杰出的关于土壤肥力的学说,一是"虽土壤异宜,顾治之如何耳,治之得宜皆可成就";二是提出了"地力常新壮"的论断。

"地力常新壮论",即使在今天看来,也是世界农业史上可贵的经验。陈旉从农业生产全局出发,把农业经营管理和生产技术结合起来,二者并重,最早提出了"地力常新壮论"、"粪药说"等一系列的农业经营管理理论,并把这些理论与长江下游地区实际的农耕实践结合起来,解决当时农业生产中存在的某些问题。

地力常新壮论,是我国古代关于土壤肥力的一个重要学说。唐宋时期,我国农业生产增长很快,土地利用率有了很大的提高,如何保持和提高土壤肥力以适应农业生产的需要,到了宋代已成为突出的问题。陈旉指出:"或谓土敝则草木不长,气衰则生物不遂,凡田种三五年,其力已乏。斯语殆不然也,是未深思也。若能时加新沃之土壤,以粪治之,则益精熟肥美,其力常新壮矣,抑何敝何衰之有?"陈旉认为,土壤也要养护,只管种植,不问养护,时日一久,地力必然敝衰。地力衰竭曾经是农业史上困扰世界的难题,陈旉不仅提出了地力常新的思想,而且还提出了解决这一问题的办法,在世界农业史上都是难能可贵的。

粪药说,是陈旉率先提出的一种合理施肥的理论。土地使用肥料的办法,战国时期即已采用,此后,人们又创造了基肥、追肥和种肥等施肥办法。

但如何合理施肥，则是长期没有解决的问题。最早接触这一问题的是陈旉，他认为要根据不同的土壤特质采用不同的施肥方法，因此在某种意义上说，肥料是用来改良土壤的"药物"，这是我国古代在肥料科学上取得的一项重大成果。

大约宋代绍兴十九年，也就是公元1149年，年过古稀的陈旉终于完成了他的著作，然后请当时仪真的主官洪兴祖审阅。洪兴祖阅后十分赞赏，当即将《仪真劝农文》附其后，交"属邑刻而传之"，以政府的名义刻版印刷，广布天下。《陈旉农书》全书三卷，二十二篇，一万两千余字，篇幅虽然不大，但对于我国古代农业技术体系的完善有着重要的作用，对于实际的生产更有着重要的指导意义，被后世称为"南方农学的开山鼻祖"。

逐梦箴言

"躬耕西山"，过着种药治圃，晴耕雨读，不求仕进的隐居生活。当时一般士大夫都向往做官，不屑于务农，陈旉则不然，他终生致力农桑，注意总结农业生产经验，终于在古稀之年写成《农书》三卷。《陈旉农书》从内容到体裁都突破了先前农书的樊篱，是现存古农书中第一次用专篇来系统讨论耕牛和蚕桑的问题，开创了一种新的农学体系。特别是陈旉积极进取的精神与充分开发的思想，为世人所称道，更是我们学习的榜样！

知识链接

南方农业的历史

与黄河流域相比，我国南方的农业开发相对较晚。春秋战国和秦汉时期，黄河中下游地区成为比较集约的农耕区域，江

淮、桐柏以南则仍是林莽千里的原始林区。东汉后北方战乱频繁，黄河水患日益加剧，人口大量南迁，北方农业时兴时衰，南方农业则稳定持续发展，成为中国主要的农业区域。两晋时期的第一次人口大迁移，使南岭以北的中、北亚热带得到了较快的开发；明清两代南方人口进一步增加，南岭以南的地区已渐被开发。在半封建半殖民地的旧中国，丘陵山区的人口密度增大，可以垦殖的土地资源已基本辟为农田，东南部成为我国农耕事业十分发达的区域。

金色人生为世界农业"加油"

　　我国民间有个美丽的传说:故事发生在古代江苏吴江,有一名叫芸香的姑娘,聪明美丽,清秀可爱。可是不幸患上皮肤病,身上疮疮累累,痛痒流脓,久治不愈,只得闭门在家。一天夜里,梦见一片油菜花,金灿灿的十分诱人。梦醒之后,独自思考,莫非油菜花可治愈我身上的病么?于是到菜地里,摘取新鲜带有花蕾之嫩苗,洗净后,炒食之,果然味道鲜美,清香可口。不久,皮肤上的疮疮逐渐缓解。于是,她坚持炒食油菜,在没有油菜的季节,则将晒干腌好的油菜炒食。数月后,姑娘全身皮肤光亮平滑,甚至疤痕也没落下,脸庞却比以前更漂亮了。此后用油菜治疮疮一类疾患的方法,就在民间流传开来。

　　油菜又叫油白菜,是十字花科白菜变种,原产我国,颜色深绿,帮如白菜,在南北方广为栽培,四季均有供产。油菜的食用方法较多,可炒、烧、炝、扒油菜心可做配料,如"蘑菇油菜"、"扒菜心"、"海米油菜"等。在网络上,还有人戏称为"有才",之所以如此受欢迎,是因为油菜里含有多种营养素,尤其富含人体必需的维生素 C,对身体健康非常有益。

　　一朵小黄花,开遍五湖四海,为田野播撒黄金般的希望。然而在上世纪 70 年代之前,这种油菜花还只是单一的品种,产量也不高。因为油菜是自花授粉性植物,每株油菜花上有一个雌蕊,六个雄蕊,单株油菜就可以完成授粉、繁殖,要进行杂交,必须首先找到一种只有雌蕊,没有雄蕊的油菜。世界上许多科学家都在苦苦找寻,希望能尽快找到那株"母油菜",为油菜

的历史翻开新的一页,但迟迟未果。

1972年,傅廷栋的名字与一种叫作"波里马雄性不育型"的油菜紧紧联系在了一起,在经历了两年多的试验,排除了几十万株之后,年仅34岁的傅廷栋在校办农场油菜试验田里,找到了19株"波里马雄性不育"油菜,这是国际上首次发现的、后来被誉为国际上第一个有实用价值的油菜雄性不育类型,被国际油菜界尊称为"傅氏波里马"。它的发现,大大加快了世界油菜种植进入杂交油菜时代的步伐。但当时对外交流有限,傅廷栋这一发现并没有立刻得到全世界的认知。

直到改革开放,为科研工作者们打开了大门,傅廷栋作为国家选培的科研骨干,赴德国哥廷根大学进修。在这期间,傅廷栋就"波里马雄性不育型"油菜在国外发表了论文,算是立此存证。终于在我国改革开放第五个年头,傅廷栋的名字第一次在国际油菜大会上被提及,彼时距傅廷栋发现这一奇迹,已经过去了11年!

1991年7月10日,加拿大举行第八届国际油菜大会,近30个国家和地区的680多位代表出席,共同见证了世界油菜科学界最高荣誉——"杰出科学家"奖章授予傅廷栋。这是该奖章自设立以来,第一次被亚洲科学家获得。德国教授致词说:"傅廷栋的发现,为国际杂交油菜实用化铺平了道路……欧洲人毫无保留地将这一发现归功于中国人。"如此高的评价,不仅是对傅廷栋研究成果的认可,更是对整个中华民族的认可。而之所以能取得如此辉煌的成就,其实是跟傅廷栋坎坷的人生经历分不开的,更与他从小对生物学的热爱和面对困难不服输的精神分不开。

1938年9月9日,傅廷栋生于广东省郁南县连滩镇天花塘乡荡村。5岁时父母双亡,与叔父、堂兄等一起生活。小学只读四年多,他就因为成绩优秀,直接考入连滩镇第五初级中学。当时家乡只有广东省喜泉农业职业学校不收学费,加上少年时代的傅廷栋对生物很感兴趣,特别喜欢养鸡、养虫、养鱼,于是他就报考了农校。在学校,他刻苦求学,掌握了丰富的农业知识,深受广大师生喜爱。

毕业后,傅廷栋到广东省中山县农业局横栏区农业技术推广站工作。

他在老同志的带领下,到互助组、合作社驻点,与农民同吃、同住、同劳动。因为他年纪小,农民们都亲切地管他叫"同志仔"。当时珠江三角洲发生历史上罕见的螟虫大灾,大部分稻田损失大半。有一次,一位老农坐在田头,看到几乎颗粒无收的惨景直落泪。傅廷栋眼见此景,心里十分难过,作为一个农业技术员解决不了这些技术问题,实在问心有愧啊!

于是,傅廷栋立刻跑回农技站,和几位同事制订好工作计划后,便天天下田调查,不断地查资料、搞试验,终于总结出了"预测预报,灯火诱蛾,摘卵块,培养寄生蜂,撒毒土"的综合防治技术。当预测到螟蛾盛发时,他们就在集镇上办宣传展览。干部、群众十分信任他们,全力推行此项防治措施。有时一个晚上,需要发动一二千群众点灯下田灭螟蛾。《南方日报》曾在头版头条以《万家灯火灭螟蛾》的长篇报道,生动真实地记载了当时的情景,他们也因此被评为粤中地区先进农技站。

在基层工作中,傅廷栋得到了实践锻炼,也深切体会到农业需要技术,体会到农民需要他们,从而更坚定了为农业付出一生的决心。同时,他更清楚地意识到,农业是一门看似简单、实则非常复杂的综合性科学,不仅仅是表面的春种秋收那么轻松;而他所学的那些粗浅的农业知识,还远远不够用。于是他报考了华中农学院农学系,如饥似渴地进行了新一轮的刻苦学习。同学们要他介绍学习经验,他说一要有明确的学习目的,二要有计划地充分利用时间,三要理论联系实际地学习。傅廷栋经常到田间去观察,体验事物的发生发展的来龙去脉,这比单纯背书本的效果要好得多。

而成为中国第一位油菜遗传育种方向的研究生,是傅廷栋科研事业的重要转折。在导师刘后利教授的精心指导下,系统进行了不同生育期甘蓝型油菜品种形态及生理特性的研究。30多年来,傅廷栋一直活跃在油菜遗传育种科研和作物遗传育种教学的第一线,即使在"文化大革命"期间,他和同志们仍然冒着风险、顶住压力,克服众多困难坚持工作,并以油菜杂种优势利用作为主要研究方向,直到最终发现了那19株宝贵的"母油菜",然后逐渐带动中国杂交油菜育种研究步入了快车道……

时至今日,我国杂交油菜的品种已占全世界油菜总面积的60%,而在

我的未来不是梦

三系杂交油菜中,各地育成的"波里马雄性不育型"的杂交种仍占一半以上。因此,傅廷栋本人获印度 MRPC 第一次向国外学者颁发的"油菜研究终身成果奖",是当之无愧的。

逐梦箴言

"忆往昔艰苦岁月,看今日硕果累累",30 年沧海桑田,傅廷栋作为一名挚爱"三农"的学者,奠下杂交油菜选育的第一块基石,培育出 11 个杂交油菜优质品种,时刻不忘用科技成果帮助农民脱贫致富,为现代化农业助力"加油"!自古成功在尝试,傅廷栋深入农田,不怕风吹日晒;他反复实践,不怕挫折和压力。成功,更在于执着的信念和不怕输的精神,傅廷栋为中国油菜事业镶金镀银,让世界人民为中国喝彩!

知识链接

作物育种

改良作物的遗传特性,以培育高产优质品种的技术。又称作物品种改良。它以遗传学为理论基础,并综合应用植物生态、植物生理、生物化学、植物病理和生物统计等多种学科知识。是一项投资少而效益高的生物技术,对发展种植业生产具有如下重要意义:提高产量、增强抗性、提高生产效率。

农学家刘后利

我国著名油菜遗传育种学家和农业教育家,提出我国油菜育种应以甘蓝型为重点,选育出"华油 3 号"、"华油 8 号"等优良品种大面积推广;率先开展黄籽油菜育种和"双低"品质育种,并育成第一个黄籽品种"华黄 1 号"投入生产。在教学中形成颇具特色的农学专业人才培养方案,并建立了油菜遗传育种研究所,为发展我国油菜生产和科学事业做出了重要贡献。傅廷栋时常说:"我只是十字花科(油菜属于十字花科)的'副(傅)科长','科长'是刘后利教授。"

● 智慧心语 ●

天行健,君子以自强不息。

——《周易》

成大事不在于力量的大小,而在于能坚持多久。

——约翰逊

先天下之忧而忧,后天下之乐而乐。

——范仲淹

哥伦布发现了一个世界,却没有用海图,他用的是在天空中释疑解惑的"信心"。

——桑塔雅娜

障碍,培养意志和锻炼意志而获得的阶梯。

——高尔基

我的未来不是梦

第十章

天人合一

◦**导读**◦

　　"民以食为天"，爱惜粮食就是爱惜生命。一直以来，粮食在整个国民经济中始终具有不可替代的基础地位，在危急时刻实现粮食安全，就是为全人类造福。面对未来不可知的挫折和困难，青年人一定要抱着"人定胜天"的信念，勇往直前，"为世界文明，为人类造幸福，以青年之我，创造青春之家庭，青春之国家，青春之民族，青春之人类，青春之地球，青春之宇宙，资以乐其无涯之生"！

■ 实践出真知

沿着众多科学家的生命轨迹，我们会发现一条规律：成功之路从来都不是一帆风顺的，只有在追求理想的道路上勇于实践、坚持不懈的人，才有希望最终到达胜利的彼岸。

瑞典植物学家林奈是勤于实践的模范，他一直坚信：想求得知识必须先了解事物。因为实践决定认识，认识对实践具有能动的反作用；实践是人们改造客观世界的一切活动，是主观见于客观的活动，实践过程是主观认识同客观事物联系的桥梁。对于草木的喜爱，不能只停留于表面，如果它们是美的，就要找出美丽的原因；如果是有毒害的，也要想尽办法查出罪魁祸首，将毒害扼杀在萌芽状态。在这种信念的支撑下，林奈经过数年实地搜集考察，为数千种植物进行系统的命名，那种看似单调又繁琐的工作，如果没有一定的毅力是根本无法坚持下去的——但林奈做到了，他的植物分类方法和双名制被各国生物学家所接受，植物王国的混乱局面，也从此井然有序，他也博得了世界"分类学之父"的美誉。

"路漫漫其修远兮"，中国的"甘蓝之父"方智远也是善于从实践中寻找知识的人。为了快速解决中国人的温饱问题，一开始方智远的目标就只有一个，那就是提高甘蓝的产量。各项试验从整地、播种，到定植、施肥、浇水、授粉等等，他都是倾力而为。北京的春天风沙大，常常沙尘漫天飞，他几乎天天都要在试验地里餐风涉土。尤其是盛夏，头顶烈日，俯下身子，一株一株、一朵花一朵花地给甘蓝进行人工授粉。稍有几天空隙，还要经常

奔波于北京郊区及山东、山西、河南、河北等地了解新品种的试验示范情况。辛勤的培育终于获得了丰硕的成果,1973年,在国内率先利用"自交不亲和系"途径,育成我国第一个甘蓝一代杂种——"京丰一号",不仅结束了我国甘蓝品种长期靠国外引进的被动局面,而且也提高了我国的甘蓝生产和育种水平,对其他蔬菜作物杂种优势利用研究也起了重要的促进作用。

北魏时期的贾思勰通过实践和积累,完成了世界农学史上最早的专著之一《齐民要术》。他经常亲自种植蔬菜和果树,总结出栽培果蔬的经验和养桑树养蚕的技术,其中的道理是和现代科学解释相吻合的。而且在农产品贮藏、加工及酿造方面,经过多年生活积累,得出许多鲜菜冬季贮藏的方法,例如"九月、十月中,于墙南日阳中掘作坑,深四五尺。取杂菜种别布之,一行菜一行土,去坎一尺许便止,以穰厚覆之,得经冬,须即取,粲然与夏菜不殊。"这些知识,让老百姓到了冬天,也有鲜菜可吃,极大地改善了人们的饮食水平。

不过更多的时候,光有实践是不够的,因为很多新鲜事物在被认知之前,都会遭受质疑和不理解,若想被人们接受并且得到推广,那么坚持就显得尤其重要了。正所谓"不经一翻彻骨寒,怎得梅花扑鼻香"?

众所周知的达尔文进化论,就是坚持真理的最典型的例子。因为他的进化论沉重打击了神权统治的根基,从反动教会到封建御用文人都狂怒了,他们群起而攻之,诬蔑达尔文的学说"亵渎圣灵",触犯"君权神授天理",有失人类尊严。如果是常人,恐怕早就放弃或者妥协了,但达尔文一直坚持自己的论点,与神权主义顽强斗争到底。人们在达尔文的讣告中这样写道:"他在人们脚步的践踏下,在偏执狂的唾骂声里,在全世界的嘲笑中发现了一个伟大的真理;他在有生之年看到了真理的诞生,他完全是凭借自身的努力,无可辩驳地建立了这项科学理论,并同那些与他具有共同思想的人,须臾不离地站在一起。"敢于追求,敢于面对,敢于迎难而止,才促使达尔文攀登到辉煌的科学顶峰!

与达尔文相比,德国"肥料工业之父"李比希的精神同样难能可贵,在发现自己犯了"错误"之后,为了警诫自己,也为了提醒自己的学生,他特别

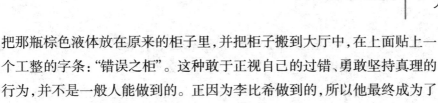

把那瓶棕色液体放在原来的柜子里,并把柜子搬到大厅中,在上面贴上一个工整的字条:"错误之柜"。这种敢于正视自己的过错、勇敢坚持真理的行为,并不是一般人能做到的。正因为李比希做到的,所以他最终成为了伟大的科学家,为人类社会的进步做出了不可磨灭的贡献。

而在坚持真理的道路上令人们心疼的,则是苏联著名生物学家尼古拉·瓦维洛夫。他本是一位功勋卓著、品德高尚的科学家,却由于政治对科学的粗暴干涉,让他受到了极不公正的对待和残酷疯狂的迫害,不仅许多重要职务被解除,还在报纸上被公开点名批判,说他是"人民敌人的帮凶"。更可悲的是,批判他的竟然是他一手提拔起来的学生。瓦维洛夫是一个被困难筛选的人,他的一生受过委屈和侮辱还有莫须有的罪名,但真理经得起时间的验证,伟大的思想绝不会因为肉体的消失而磨灭。瓦维洛夫的一生悲壮而伟大,激励一代又一代科学家追求真理,永不停歇!

■ 心系天下人

有人把有成就的科学家大约可分为两类,一类是"两耳不闻窗外事",在象牙塔中专注于自己领域的研究,把学科发展推向一个新的里程,他们无疑是值得敬佩的;还有一类是除了在科研领域中取得了突破性的成就外,还心系民生,身体力行地把科研成果转化,直接为苍生造福,而他们往往更让万民景仰。

水稻专家丁颖就是后一类型的杰出科学家。作为贫农之子的丁颖,自然深知学农务农的艰苦,但他终生不改矢志。选择学习农科这条异常艰苦的道路,最初源于他童年起便对当时农民疾苦的深切体验,而在血气方刚的青年时期,在种种探索中,最终做出了潜心"科学救国"的抉择。丁颖常

躬身田畴农为本

常告诉大家："不要忘记农民的肚皮是连着地皮啊。"他是"中国稻作科学之父"，创造了许多第一：世界上第一个通过杂交而把野生稻抵抗恶劣环境的基因转移到栽培稻，培育出世界上第一株"千粒穗"类型，第一个系统科学地论证了中国水稻的起源和演变……

袁隆平的事迹很多人都熟悉，如今已入选在很多教学课本中，尤其1996年9月18日，为了表示对"杂交水稻之父"袁隆平先生的敬意，天文学家们把一颗小行星命名为"袁隆平星"，以鉴证袁隆平为新中国成立以来贡献最大的农学家。

那么，是怎样的力量，把一个人的命运紧紧联系并且积极影响着十多亿人的命运呢？是怎样的力量，促使着袁隆平年轻时违背母亲的意愿，做出自己的人生选择？又是怎样的力量，令他执着于杂交水稻的研究，而最终走向成功的呢？关于超级杂交水稻，不善言辞的袁隆平以"知识＋汗水＋灵感＋机遇"做了精辟的总结。

其实我们大家都知道，除了上述原因外，袁隆平的成功更源于他那颗心系天下人的博大胸怀。身体的劳累还在其次，学术界权威的质疑与反对也无关紧要，袁隆平每每望着那些水稻，总是想着一个念头——如何让老百姓吃饱饭！他义无反顾地扎进了杂交水稻这个世界性的难题中，想通过科研的力量在实践中一步步接近自己的美好梦想。不为别的，就为了让现实中落后、贫困的农村能变得富饶而美丽。在某种程度上，杂交水稻已成为他生命中不可或缺的一部分。"躬身田畴，心怀天下"，袁隆平以淳美质朴的崇高品质和境界，成为中国的英雄、世界的典范！

而在美国历史上，一人囊括了诺贝尔和平奖、美国总统自由勋章和美国国会金质奖章的诺曼·布劳格，让成功的果实变得更有意义。他是美国人，但他心系全世界发展中国家人们的饥饿问题；他顶着各种不解和非议，为印度人民开创了"绿色革命"，让贫瘠的土地上有足够的粮食可吃。因为他的悲天悯人情怀，因为他的旷世功勋，"诺贝尔和平奖"颁给他是实至名归。他虽然离开了人世，但他的观念还在向全球扩散，传递到遭受饥荒威胁的非洲，期待早日帮助那里远离饥饿，迎来期待已久的丰衣足食。

他们三位都是心系天下的伟大科学家,他们的幸福不仅仅局限于个人的喜怒哀乐、所得所失,而牵挂着整个国家甚至整个世界的民众。丁颖的一生,值得后世之人用不懈的努力去学习和敬仰;袁隆平的成功,确保了我国以仅占世界 7 % 的耕地,养活了占世界 22% 的人口;而布劳格的"绿色革命",则更代表着人类向饥饿的一种宣战,代表着"人定胜天"的意志!

"先天下之忧而忧,后天下之乐而乐",科学家们的博大胸怀必将和他们的研究成果一样,鼓舞和激励更多人,时刻提醒人们"丰年不忘灾年,增产不忘节约,消费不能浪费"!

■ 感恩粮食

1972 年,由于连续两年气候异常造成的世界性粮食歉收,加上前苏联大量抢购谷物,出现了世界性粮食危机。联合国粮农组织于 1973 年和 1974 年相继召开了第一次和第二次粮食会议,以唤起世界,特别是第三世界注意粮食及农业生产问题。敦促各国政府和人民采取行动,增加粮食生产,更合理地进行粮食分配,与饥饿和营养不良做斗争。但是,问题并没有得到解决,世界粮食形势更趋严重。

在这样的背景下,1979 年 11 月举行的第二十届联合国粮食及农业组织大会决定:把 1981 年 10 月 16 日定为首次世界粮食纪念日,此后每年这个日子,世界各国政府都要为世界粮食日开展各种纪念活动,用以促进人们重视农业粮食生产,激励国家、双边、多边及非政府各方做出努力;鼓励发展中国家开展经济和技术合作;鼓励农村人民,尤其是妇女和最不利群体参与影响其生活条件的决定和活动;增强公众对于世界饥饿问题的意识;促进向发展中国家转让技术;加强国际和国家对战胜饥饿、营养不良和贫困的声援,关注粮食和农业发展方面的成就。

我的未来不是梦

躬身田畴农为本

或许,自从有生命的那一天开始,疾病和饥饿就像两个影子,时刻威胁着生命的安全和健康。而无数的科学家们正是在这一次次挑战中,冲到最前线,与疾病和饥饿进行顽强不屈的抗争,最后换来世界的和平和安宁。

从著名动物病毒及免疫学家沈荣显,到美国遗传学家摩尔根;从中国科学院昆虫专家钦俊德,到我国核农学的创始人徐冠仁;从著名的土壤肥料植物营养学家刘更另,到创造了水利神话的李冰;从中国动物营养学的铺路人张子仪,到农业机械化领路人陈秉聪;从奥地利遗传学家孟德尔,到中国青年女科学家赵书红,还有中国著名小麦专家余松烈等等,正是这些科学家在年复一年日复一日地不停探索,反复实验,与病魔和环境做斗争,终于换来了一个又一个科学奇迹,带领人类社会进入一个又一个崭新起点。

农,天下之大本;再富足的人也离不开农业。而农业的发展和进步,更离不开那些伟大的科学家们。为了纪念他们的丰功伟绩,为了传承先辈科学家的科学精神,为了营造促进科技创新、促进优秀人才脱颖而出的良好氛围,2011 年 9 月 29 日,中国农业科学院与清华大学美术学院全体师生,共同完成了"古今中外著名农业科学家肖像的创作工程"的交接仪式,引起社会极大关注。

此次肖像创作工程,遵循在基础理论研究或技术创新领域具有开创性重大发现和发明、社会影响巨大、对农业发展影响重大、举世公认等标准,共遴选出国外 9 位、国内 8 位。他们就是前文曾经讲到的 17 位科学家,分别是:

瑞典植物学家林奈;德国化学家李比希;英国博物学家达尔文;奥地利遗传学家孟德尔;美国生物学与遗传学家摩尔根;苏联植物学家、育种学家、遗传学家瓦维洛夫;英国分子生物学家克里克;美国分子生物学家沃森;美国农业育种家、植物病理学家布劳格;中国战国时期水利家李冰;西汉农学家氾胜之;南北朝时期农学家贾思勰;宋朝农学家陈旉;元朝农学和农业机械学家王祯;明朝科学家、农学家徐光启;农业科学家、教育家、中国现代稻作科学奠基人、农业高等教育先驱、中国农科院首任院长丁颖;农业科学家、教育家、中国现代小麦科学奠基人、中国农科院第二任院长金善宝。

　　17位科学家的画像悬挂于中国农业科学院主楼五层，将有更多的人通过中国农业科学院这个窗口，深入了解农业的历史和科研日新月异的发展，激发对祖国大地的深情对广阔农村的憧憬和对农业科技工作者的敬仰之情。

　　当然，还有很多默默耕耘在农业战线的工作者们，他们也许已经成功了，只是还不为人们所熟知；有的也许尚奔波在通往成功的路上，正在为某一个未知的领域勤奋探索；有的或许刚刚起步，正在孜孜不倦地学习前人的经验，准备为未来科学注入新鲜和活力。不论处在哪个位置，只要你正在为实现理想而不断努力着——那么，你就离成功不远了！

躬身田畴农为本

智慧心语

有所成就是人生唯一的真正的乐趣。

——爱迪生

成功的秘诀,在于永不改变既定的目的。

——卢梭

食者生民之原,天下治乱,国家废兴存亡之本也。

——张履祥

如果你问一个善于溜冰的人怎样获得成功时,他会告诉你:"跌倒了,爬起来。"这就是成功。

——牛顿

要使性格有所发展并非简单之事,只有通过艰难和困苦的磨炼才能使心灵强化,视野开阔,雄心振奋,从而达到成功的目的。

——凯勒